介護・看護職場の安全と健康ガイドブック

GUIDE BOOK

中央労働災害防止協会

監修のことば

安全で健康な介護・看護職場へ

　平成25年に、「職場における腰痛予防対策指針」が19年ぶりに全面改訂されました。改訂内容で社会的に注目された事項に、腰痛の発生が比較的多い作業として福祉・医療分野等における介護・看護作業が指摘され、具体的な腰痛予防対策が指示されたことがあります。福祉・医療分野の介護・看護作業者に腰痛が高率に発生することは国内外から多数報告されてきました。しかし、腰痛の発生につながる要因が多様であることや、腰部負担の軽減につながる作業方法の改善が困難であるために、実効性のある腰痛予防対策が実施されずにきました。改訂された「職場における腰痛予防対策指針」は、こうした福祉・医療分野の介護・看護作業の特性を踏まえた内容になっています。

　介護・看護職場で働く人の安全や健康に関わる問題は、腰痛問題だけではありません。介護・看護職場では、高齢者や障害者や患者を対象に、人間性や専門的な知識・技術を駆使して命や生活を支える業務が展開されています。しかも、365日24時間途切れることが許されないため、精神的なストレスや交替制勤務に伴う健康問題なども発生しています。

　労働安全衛生法では、働く人の安全や健康の確保や快適な職場環境を形成することが事業主の責務となっています。しかし、残念ながら福祉・医療分野では、介護や看護作業自体の安全性を高める取り組みほど、働く人たちの安全や健康を守る取り組みは展開されていません。福祉・医療分野に産業保健活動に関わる情報が届きにくかったことは、こうした状況を作り出した一因となっています。

　本書は、福祉・医療分野の施設責任者や介護・看護職場で働く人たちに安全衛生活動をもっと進めていただこうと、全体の構成や用語に配慮し作成しました。本書が、介護・看護職場で働く人たちの安全や健康の向上に役立つことを願っています。また、安全で健康な介護・看護職場が、高齢化社会を支える力になると信じています。

平成27年5月

滋賀医科大学　社会医学講座衛生学部門
准教授　垰田　和史

序

安全だから安心

　安全な職場で安心して働きたい、みんなの共通の願いです。働いてケガをする、病気になるケースを労働災害と呼びますが、多くの労働災害は防ぐことが可能です。働く人の安全と健康を守るため、労働安全衛生法では、事業者にさまざまな措置を講ずるよう義務づけています。また、万が一、被害に遭われた方には療養費の給付や休業・障害補償などを目的とした労災保険制度が適用されます。しかし、本来は働くことでケガをしたり、病気になったりすることはあってはならないことです。

　本書は、高齢者や障害者などを対象とした社会福祉施設で介護・看護に携わる皆さんが、ケガや病気をせずに健康に働き続けることができるために必要となる知識や対策をまとめたものです。これらには、製造業など産業界でつちかわれ、活動に取り入れられて効果をあげてきたノウハウも多く含まれています。また、衛生推進者養成研修のテキストとしてお使いいただけるよう法定のカリキュラムの内容に対応して編さんを行いました。

　本書が働きやすく安全な職場づくりにお役に立てば幸いです。

平成27年5月

中央労働災害防止協会

INDEX 目次

第1章 はじめに 9
1. 安全衛生管理の意義 9
2. 災害の発生状況 11
3. 介護・看護職場の安全衛生上の課題と対策の進め方 13

第2章 腰痛予防対策 15
1. 腰痛とは 15
2. 腰痛の要因 16
3. 仕事のしかたの改善（作業改善） 18
- 資料1　施設介護における作業標準の作成例 22
4. 働く環境の改善（作業環境改善） 25
5. リスクアセスメント 27
- 資料2　腰痛予防のためのリスクアセスメントの進め方 30
6. 対策を進めるための体制づくり 40
7. 福祉機器使用時の安全対策 41
8. 健康管理 45
9. 労働衛生教育 48

第3章 健康の保持増進 50
1. 健康診断の実施とその後の対応 50
2. メンタルヘルス対策 54
3. 長時間労働（過重労働による健康障害の防止） 59
4. 夜勤 60
5. 感染症対策 62
6. 高年齢労働者の安全と健康 65
7. 労働生理（疲労、睡眠、栄養について） 68

8 救急処置 ……………………………………… 73

第4章 事故やケガを防ぐための安全対策 ……………… 78
1 安全衛生点検の実施 …………………………… 78
2 安全衛生活動 …………………………………… 83
3 災害調査 ………………………………………… 97
4 災害時などの緊急事態対応の体制づくり …… 98

第5章 交通事故防止対策 ……………………… 100
1 社会福祉事業にかかる交通労働災害の現状 … 100
2 交通危険予知活動 ……………………………… 100
3 交通ヒヤリマップ ……………………………… 101
4 交通労働災害防止のための管理体制 ………… 104
5 交通事故発生時の対応 ………………………… 104

第6章 安全衛生教育 …………………………… 105
1 安全衛生教育の実施計画の立て方 …………… 105
2 実施計画の具体化 ……………………………… 107
3 安全衛生教育の方法 …………………………… 107
4 教育効果の確認 ………………………………… 109

第7章 安全衛生管理体制 ……………………… 110
1 安全衛生管理の組織 …………………………… 110
2 労働安全衛生マネジメントシステムの導入 … 114

資料
介護・看護職場の安全衛生状況チェックリスト ……… 116

関係法令等

1. 労働安全衛生法の概要 ……………………………… 118
2. 労働者派遣法の概要 ………………………………… 124
3. 個別事項 ……………………………………………… 126
4. 教育カリキュラム …………………………………… 130

第1章
はじめに

学習のポイント

この章では、高齢者や障害者などを対象とした社会福祉施設などの介護・看護職場における、安全衛生管理の意義を理解します。職場で安全衛生管理がきちんと行われることにより、サービスの担い手である皆さんが、長く、安心して働くことができます。また、それは、利用者の安全にもつながり、事業者への信頼とサービスの向上にもつながります。

＊本書では、特別養護老人ホームや介護老人保健施設などの入居者や、訪問・通所介護サービスの利用者などを総称して「利用者」と表記します。

1 安全衛生管理の意義

(1) 働く人の安全が利用者の安全に

ある調査によれば、介護の仕事を選んだ理由として「働き甲斐がある」、「資格・技能が生かせる」、「人や社会の役に立ちたい」ということが、上位にあげられています（平成25年度「介護労働実態調査結果」：介護労働安定センター）。皆さんの職場で事故や災害の防止といえば、まず自分のことより利用者への対応が頭に浮かぶのではないでしょうか。多くの社会福祉施設では、運営方針の第一に利用者の安全確保が掲げられています。

一方、工場などの製造現場では、生産、品質、安全の3つの項目のうち、安全を優先することが、高い品質の維持・向上につながり、安心して働けることで、生産性の向上が図られるという考えが定着しています。このような「安全第一」の考え方は、働く人誰一人としてケガをさせない、働く人の幸福を実現するという理念に基づいて100年以上前から提唱されています。安全を軽視して、事故が発生すれば、業務がストップし、人的な被害も受けてしまうからです。

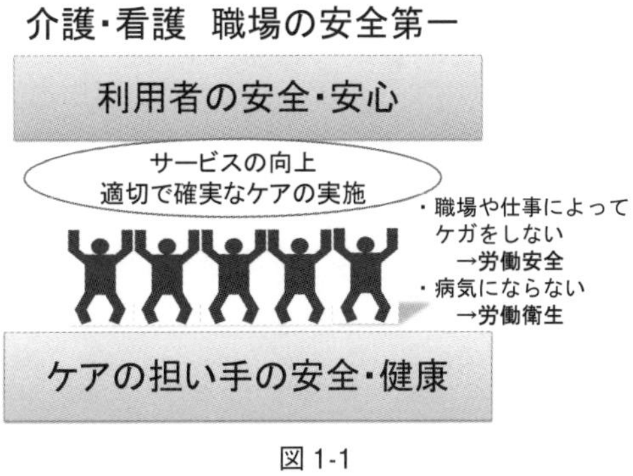

介護・看護 職場の安全第一

利用者の安全・安心

サービスの向上
適切で確実なケアの実施

・職場や仕事によってケガをしない
　→労働安全
・病気にならない
　→労働衛生

ケアの担い手の安全・健康

図 1-1

第1章 はじめに

　これを皆さんの職場に置き換えれば、「生産」は「適切で利用者にとって快適なケアの実施」、「品質」は「ケアの質」にあたり、そのベースとなるのがサービスの担い手である「皆さんの安全・健康」なのです（図1-1）。

（2）事業者の責任と安全配慮義務

　災害が起きると、その人を雇っている事業者が、環境の整備や事前の安全衛生教育をきちんと行っていたか、その責任が問われます。事業者の果たさなければならない責任と役割は、安全衛生の基本事項として労働安全衛生法にしっかりと規定されています。これを怠ると、罰則（懲役や罰金）が科されます。一方で、働く人には災害防止に関して守らなければならない事項や、事業者の進める対策に協力する義務があることが明記されています。

　労働災害が発生した場合、事業者である法人は、図1-2のような責任が発生します。安全衛生管理の具体的な内容については、各章で解説していきます。

図1-2　事業者の法的責任

　しかし、事業者が労働安全衛生法を守っているだけでは、その責任を全て果たしたことにはなりません。労働安全衛生法で定めているのは、あくまでも守るべき最低基準です。事業者は、労働契約に伴い、労働者がその生命、身体等の安全を確保されたうえで、働くことができるように配慮する必要があります。これを「安全配慮義務」といい、労働契約法第5条に定められています。具体的には、事業者は「災害の起きる可能性」すなわち「危険と健康障害」を事前に発見し、その防止対策（災害の予防）をとらなくてはなりません。この義務を怠って労働災害を発生させると民事上の損害賠償義務が生じます。

　例えば、長時間労働が原因となって心疾患を発症し、労働者が亡くなったとします。事業者は労災保険給付の限度内で損害賠償を免れますが、それは、精神的な苦痛に対

する慰謝料など損害の全てをカバーしているわけではなく、民事上の責任として、安全配慮義務違反を理由に、損害賠償請求をされることがあります。

また、ひとたび事故が発生すると、職場でも経験を積んだ人材の喪失は痛手であり、提供するサービスの低下につながるおそれもあります。また、社会からの信頼性が低下することは明らかで、法人としての運営の基盤が危ぶまれることとなります。

2 災害の発生状況

(1) 介護・看護職場の災害の特徴

労働災害は長期的には減少していますが、この10年間で、社会福祉施設や医療機関などの「保健衛生業」の災害は増加しています（図1-3）。最近の就業者数の推移を見ると、医療・福祉従事者は毎年3〜5％、5年間で18％増加しており、就業者数の増加率より災害の増加率が上回る年もあります。

災害を型別で見ると、「転倒」災害や腰痛の原因となる「動作の反動・無理な動作」によるものの割合が高くなっています（図1-3）。

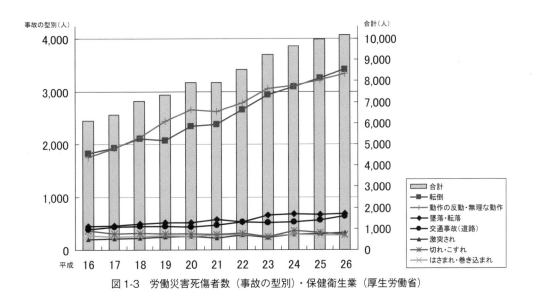

図1-3　労働災害死傷者数（事故の型別）・保健衛生業（厚生労働省）

また、職業性疾病（休業4日以上）の発生状況を見ると、社会福祉施設の「腰痛」が大幅に増加しています。介護労働者数は、ここ10年で1.7倍に増えていますが、その間の腰痛発生件数は、400件前後から1,000件弱へと、約2.5倍近くに増加しており、介護労働者数の増加率以上に腰痛が発生しているのです（図1-4）。

第1章 はじめに

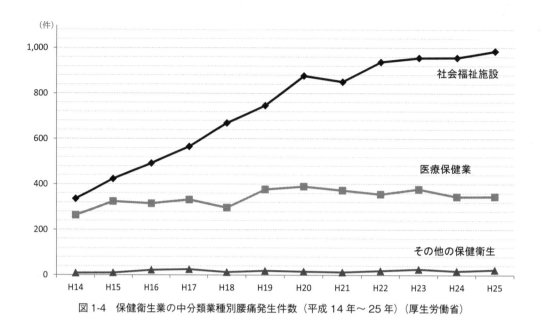

図1-4 保健衛生業の中分類業種別腰痛発生件数（平成14年〜25年）（厚生労働省）

　介護・看護の職場では、こうした転倒や腰痛災害に対して、まだ十分な対策がとられていない現状があるようです。その理由として、有効な対策・方法の情報が不足していたり、利用者の事故予防が優先に考えられていることなどが考えられます。しかし、腰痛は日常生活にも影響を与え、そればかりでなく症状がひどくなれば転職や離職を余儀なくされてしまいます。健康な職業生活を送っていくためにも、早急に対策を講じなくてはなりません。

　さらに、仕事による強いストレスなどが原因で精神障害が発症したとして、労災保険請求をした件数、支給決定件数のもっとも多い業種として、医療、福祉のうち社会福祉・介護事業があがっています（平成25年度）。心の健康問題、メンタルヘルス対策についてもしっかりと取り組む必要があります。

　また、介護・看護職場では、利用者の送迎などの車の運転業務や、車通勤などでの交通事故も決して無縁ではなく、交通安全対策も欠かせません。

3 介護・看護職場の安全衛生上の課題と対策の進め方

(1) 自分たちの安全を二の次にしない

　介護・看護職場では、利用者の安全が優先であるという意識が強く、働く人の安全と健康は二の次になってしまい、これまで十分な取り組みが行われてこなかったといえます。しかし、これまで見てきたように介護・看護職場では災害が増加しており、腰痛対策などをはじめ、取り組まなければならない安全衛生上の課題がたくさんあります。これらの対策に取り組むことによって、働く人の安全と健康を守り、健康でイキイキと働き続けることのできる職場を作ることで、利用者の安全と安心を支え、質の高い介護サービスを提供することができるのです。

(2) 対策を進める基本となる考え方

　それでは、皆さんの職場はどのように対策を進めていけばよいのでしょうか。

　まず、施設内の管理体制を整備する必要があります。理事長や施設長などトップが災害防止の必要性を理解して方針を示したうえで、担当部署を決め、担当者を選任します。具体的には労働安全衛生法などの法令に役割と職務が決められており、常時50人以上の労働者を使用する事業場では、「衛生管理者」、「産業医」を選任し、調査審議機関として「衛生委員会」を設置することが事業者に義務づけられています（50人未満の事業場では衛生推進者を選任します。詳しくは、第7章を参照してください。）。

　また、働く人の健康を守るための「労働衛生管理」の基本となる考え方として、「労働衛生の3管理」＝「作業環境管理」、「作業管理」、「健康管理」があります。作業環境管理とは、働く職場の環境が原因となって健康を損なうことがないよう環境を整えること、作業管理は、作業時間の適正化や作業方法等の改善を行うこと、健康管理は、健康診断とその結果に基づいた対策を行うことを言います。労働者の健康を確保するためには、この3管理を進めるとともに、労働者自身が正しい知識をもって理解して作業を行うために「労働衛生教育」が必要となります（図1-5）。

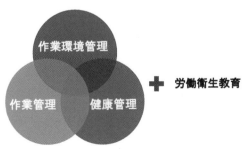

図1-5　労働衛生の3管理

(3) 本書で学ぶこと

　本書では、社会福祉施設の介護・看護職場で、深刻な問題となっている**働く人の腰痛**について**第2章**で取り上げ、労働衛生の3管理と労働衛生教育のアプローチから、**予防対策**を解説します。

　第3章では、腰痛問題に限らず、働く人の健康を守るための**法律上の制度**や、**メンタルヘルス対策、長時間労働、夜勤、感染症対策**等についても解説します。

　また、**第4章**では、ケガをしない安全な職場とするために、**職場の点検**を行い**職場の改善**を行っていく方法や、安全衛生を先取りする**危険予知（KY）活動**、ヒヤリ・ハット報告、業務の効率化にも役立つ**4S（整理・整頓・清掃・清潔）**など、産業界で実績をあげている安全衛生活動について解説します。

　第5章では、利用者の送迎などの**運転業務**や労働者の**車通勤の事故防止**に役立つ取り組みを紹介します。

　第6章では、施設内で**安全衛生教育**を進めるに当たっての計画や方法について解説します。

　多くの読者は、腰痛の予防対策に取り組みたいと考え、本書を手に取っていただいたと思います。しかし、働く人の安全と健康を守るためには、腰痛予防対策や健康管理だけでなく、ケガや事故をなくしていくための取り組みや、継続的な取り組みを進めるための体制作り、教育など、さまざまなアプローチがあります。

　「介護・看護職場の安全衛生状況チェックリスト」（116ページ）で、皆さんの職場の状況をチェックしてみましょう。そして、対策の遅れているところや充実させたい項目などが分かったところで、本書内容のうち必要な箇所を適宜読み進め、皆さんの職場の安全衛生管理を進めてください。

　安全衛生の取り組みは、関心を持つ人が1人で孤軍奮闘して進めても効果は期待できません。みんなが挨拶をする、ルールやマナーを守るといった職場の体質・風土も大きく影響します。こうした風土が結果として、働きやすい、働きがいのある安全な職場づくりに効果を及ぼすのです。

第2章
腰痛予防対策

学習のポイント

介護・看護業務は、腰部に負担のかかる作業が多く、介護業務を含む保健衛生業で発生する業務上疾病の約8割は、腰痛です。この章では、腰痛の発症要因を理解し、職場で、また働く人自身ができる腰痛予防対策を学習します。

1 腰痛とは

　腰痛とは病気の名前ではなく、腰部を主とした痛みや張りなどの症状の総称です。
　また、急に起こる急性腰痛（災害性腰痛）と徐々に痛くなる慢性腰痛（非災害性腰痛）があります。災害性腰痛は仕事中、瞬間的に大きな負担が腰部にかかることで急に発生します。非災害性腰痛は重量物の運搬や不良な姿勢での作業など、腰部に負担のかかる仕事を数カ月から数年以上にわたって行うことで発生します。職場では災害性腰痛も非災害性腰痛も発生しますが、ぎっくり腰のような急性腰痛（災害性腰痛）の方が多く見られます。
　腰痛には、単に腰の痛みだけではなく、でん部（お尻）から大腿（ふともも）の後ろや外側、下腿（ヒザから足首）の内側・外側から足の甲・足の裏にわたって痛み、しびれ、つっぱりが広がるものもあります。本書でいう腰痛とは、これらの部位の痛みやしびれ等も含むものとします。

💬 コラム：腰痛のほとんどが原因を特定できない？！

　腰痛はさまざまな病気や身体の障害によって発生しますが、その原因が特定できない腰痛も多く見られます。腰椎椎間板ヘルニアや腰部脊柱管狭窄症のように、医師の診察等により腰痛の原因が特定できるものを特異的腰痛と言います。一方で、X線やMRIなどの検査をしても原因が特定できない腰痛もあり、非特異的腰痛と呼ばれています。腰にヘルニアや骨のずれ（すべり）など検査の画像で異常所見があっても痛みを感じない人がいますし、画像に異常がなくても腰痛で苦しんでいる人もいます。つまり、画像上の異常が本当に腰痛の直接の原因であるかは、医師であっても判断が極めて難しいのです。腰痛の約85％は非特異的腰痛だと言われているのは、このような理由によります。

第2章 腰痛予防対策

2 腰痛の要因

　腰痛が発生したり、腰痛の症状を悪化させたりする要因についてはいろいろなものが指摘されています。職場で腰痛を発生させる要因には、「①動作に関係する要因」、「②環境に関係する要因」、「③作業者個人の要因」、「④心理・社会的な要因」があります。しかし、実際には1つの要因だけで腰痛が発生したり悪化することは少なく、いくつかの要因が組み合わさっていることが多いのです。

(1) 動作に関係する要因

ア　重量物[注1]の持ち上げ、運搬によって腰部に強い負荷を受ける。
イ　介護作業など、人力による利用者の抱上げ[注2]によって腰部に強い負荷を受ける。
ウ　長時間にわたり立ったまま、座ったままなど同じ姿勢を続ける。
エ　前かがみ、身体をひねるなど、不自然な姿勢を何回も繰り返す。
オ　急に物を持ち上げるなど、急激または不用意な動作をする。

　　注1、注2：厚生労働省「職場における腰痛予防対策指針」では、重量物とは製品、材料、荷物などのことを指し、人間を対象とした抱上げなどの作業は重量物取扱いには含まれません。

> **コラム：抱上げ作業が「重量物取扱い作業」に含まれないわけ**
>
> 　「人」は「物」と違って、持ち手もつけられなければ、重心も定まりません。また「人」の体重が同じであっても、全介助が必要な方と立位保持できる利用者では、介助の際に作業者の腰にかかる負担も違ってきます。さらに、介助作業では日々変化する利用者の状態や身体機能を見ながら、介助する必要があります。このような観点から、「人」については「物」と同じような安全の目安を示すことはできないと考え、厚生労働省の「職場における腰痛予防対策指針」では、「人の抱上げ作業」と「重量物取扱い作業」を区別し、「原則人の抱上げを行わせないこと」、が指示されました。

(2) 環境に関係する要因

ア　寒い場所、湿度の高い場所。
イ　すべりやすい床や段差がある（すべったり、転倒すると瞬間的に腰部に大きな負荷がかかります）。
ウ　暗い場所（転倒や踏み外しの原因となります）。
エ　狭かったり、ベッドの配置が不適切な職場（作業するスペースが狭いと不自然な姿勢や転倒の原因となります）。

オ 小休止や仮眠が取りにくい、1人で勤務することが多い（業務負荷が1人に集中したり、身体を休める時間の確保ができない、強い精神的な緊張が強いられるなど、下記（4）の心理・社会的な要因につながります）。

カ 自動車の運転などで腰部と全身に長時間振動を受ける。

（3）作業者個人の要因

ア 年齢や性別

（一般的に高齢者や女性は若い男性より筋肉が少なく、筋力も弱いので身体への負担が大きくなります。）

イ 体格

（身体の大きさが、ベッドや机の高さに合っていないと腰に負担がかかります。）

ウ 握力、腹筋力、バランス能力

（年齢、性別が同じでも筋力には個人差があり、筋肉が少ない作業者の方が負担も大きくなります。）

エ 過去にかかった病気、現在かかっている病気

（腰痛は再発することも多く、また血管や内臓の病気には腰痛の原因となるものもあります。）

（4）心理・社会的な要因

職場での対人トラブル、過度な長時間労働、激しい疲労、働きがいが得られないなど、作業者がストレスと感じていることも腰痛の原因になります（図2-1）。

図2-1

> **コラム：「作業関連疾患とは」** 持病の腰痛は、職場ではガマンする？
>
> 労働者が健康を損なう場合、職場の作業における有害要因だけでなく、日常生活における個人的な要因も加わって起きることがあります。例えば腰痛症は、介護・看護作業だけでなく、その人個人に脊椎の持病があったり妊娠していたりすれば起こりやすくなります。
>
> このように作業の要因と個人的な要因が、それぞれ作用し合って発生する健康障害を作業関連疾患と言います。介護作業によってのみ発生する腰痛だけに着目していては、介護・看護職場の腰痛問題は、改善していきません。個人的な要因も含め、複数の要因が関係することを考えて、職場においてもその予防や対策を考えていく必要があります。

3 仕事のしかたの改善（作業改善）

「2（1）動作に関係する要因」で述べたように、利用者の抱上げや不自然な姿勢は腰痛の原因になります。したがって、腰部に負担のかかる動作や姿勢をなくしていくようにすることが、腰痛の発生を防ぐことにつながります。

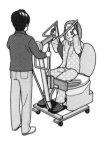  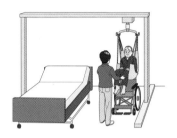

　　スタンディングマシーン　　　　　スライディングボード　　　　　　　　リフト

図2-2　利用者の身体状況にあった福祉用具の活用例

(1) 福祉用具の使用

　移乗介助、入浴介助、排泄介助で利用者を抱え上げる作業は腰部に大きな負担がかかるため、福祉用具（機器や道具）の使用により負担の軽減を図る必要があります（図2-2）。全介助が必要な利用者にはリフト等を使用し、原則として人力による利用者の抱上げは行わないようにします。ただし、全ての利用者についてやみくもにリフトを使用するのではなく、各利用者の機能に合った用具を使用することが必要です。腰痛予防、すなわちリフトを使うことではなく、あくまでも腰の負担を軽くし、利用者を安全に介助する手段として、利用者の身体機能に応じた福祉機器を使用します。したがって、利用者が座位保持できる場合はスライディングボードを使用し、立位保持できる場合はスタンディングマシーン（立位補助具）を使用するなど、腰に負担の大きな抱上げ作業は行わないようにします。

　人力による介助は利用者を緊張させ、拘縮（関節が固くなり動きにくくなること）を悪化させるともいわれており、福祉機器の使用は介護者のみならず利用者にとっても負担の少ない介助となります。なお、福祉機器も正しい使い方をしないと介護・看護者、利用者ともにケガをする危険があります。講習会などに参加し、福祉機器の使用方法を事前によく知っておく必要があります。

　また、重い荷物を運ぶ際も台車を使用するなど、腰部に負担がかからないように心がけましょう。

(2) 不自然な姿勢をとらない

　前かがみや中腰、身体のひねりなど、なるべく不自然な姿勢をとらないようにしま

す。このような不自然な姿勢は腰痛の原因になります。具体的対策には、以下のような方法があります。

　ア　利用者にできるだけ体を近づけて作業する（利用者と作業者の位置が離れているほど腰に負担がかかります）（図2-3）。

　イ　ベッドサイドで作業を行う際は、作業者が前かがみにならない高さまでベッドを上げる（図2-4）。高さが調整できないベッドの場合は、ベッドの上にヒザをつけ身体を支えることで腰部にかかる負担を分散させる。

図2-3　ベッド上での体を近づけての作業　　　　図2-4　ベッドの高さ調節

　ウ　作業面が低く高さを調整できない場合は、椅子に座ったり、床にヒザをついて作業する（図2-5）。ヒザをつく場合はヒザにパッドを付けたり、パッド付き作業ズボンを利用するなどして、ヒザを保護する。

　エ　利用者に対し作業者が正面を向いて作業する。座面が回転できる椅子を使用すると、身体をひねらなくても利用者の正面に向くことができる（図2-6）。

　オ　不自然な姿勢にならないよう、介助のための十分なスペースを確保する。不自然な姿勢をとらざるを得ない場合は、前かがみや身体のひねりを小さくし、壁に手をついたり、手すりを使用し、腰部にかかる負担を分散させる。また、不自然な姿勢をとる回数や時間を減らす。

図2-5　低いところでの作業　　　　　　図2-6　ねじれ姿勢の回避

（3）作業の実施体制

福祉用具が使えず、利用者をどうしても人力で抱え上げざるを得ない場合は、腰部の負担を減らすために身長差の少ない2名以上で行います（身長差が大きいと、お互いの腰部にかかる負担が不釣合いになります）。この場合も利用者にできるだけ近づき、腰を落としてから抱え上げるなど、腰部への負担を減らすよう注意します。

図2-7　適正な作業人数の確保

（4）作業標準（マニュアル）の作成と実行

作業標準（作業マニュアル、作業手順書）は、安全に、正しく、無理・無駄なく作業をするために作成されたものです。製造業では、多くの事業場で使用され、写真やイラストを多くしたり、フローチャート式にしたりするなどの工夫をしています。

社会福祉施設などにおいても作業標準を作成し、その手順の通りに作業を行うようにすれば、どの作業者にとっても、安全に作業することが可能となり、利用者にとっても常に安心・安全な質の高いサービスを受けられることになります。

ただし、介護・看護作業の手順は利用者の健康状態や身体の機能によって、また、移乗、入浴、食事、排泄など介助の種類によっても違います。したがって、利用者、介助の種類ごとに作成する必要があります。作業の手順、使用する福祉用具、姿勢や動作の注意、人数、役割分担などを明記し、皆でその手順を守るようにします。なお、ケアプランの一環として作業標準を作成している施設もありますが、そのほとんどは利用者の観点で作成されています。この場合は、作業者も安全に作業できるように内容を追加するなどの見直しをしましょう。作業標準の例を22～24ページに示します。

> **ポイント**
>
> ① 対象者ごとに、場面別に、作成する。
> ② 対象者や作業環境等の情報を収集し、アセスメント（事前評価）を行う。
> ③ 作業標準の作成にあたっては、労働者の特性、技能レベルや健康状態等を考慮する。
>   例えば、性別、筋力の大小、ベテランや新人の別、腰痛の有無など
> ④ 「危険だから絶対にしてはいけないこと」がある場合は、明確に示す。

図2-8は、米国の労働省安全衛生局が「介護施設向けのガイドライン」で示したフローチャートです。利用者の移乗（ベッド⇔椅子、椅子⇔トイレなど）において、作業方法を選択する考え方が示されています。利用者の状態をアセスメントし、どのような移乗手段を選択するのか、作業標準を作成する上で重要なポイントとなります。

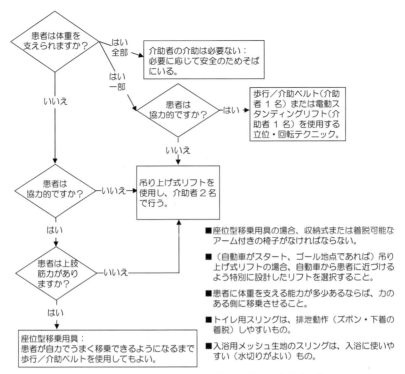

移乗：ベッド⇔椅子、椅子⇔トイレ、椅子⇔椅子、自動車⇔椅子

(出典：Guidelines for Nursing Homes Ergonomics for the Prevention of Musculoskeletal Disorders, OSHA, 2009)

図2-8　利用者の移乗における作業方法

(5) 休憩と作業の組み合わせ

　腰痛を予防するには、疲れを早めに取ることが必要です。休憩、小休止は疲労回復に効果があり、また作業の効率を高めます。休憩は、疲れたら休むのではなく、疲れる前や一定時間ごとに取るようにします。全員が一斉に休憩を取るのは難しいため、交代で休憩を取るようにしましょう。休憩中は身体を休ませ、全身の筋肉をほぐすようにし、軽い体操やストレッチも効果があります。

(6) 服装など

　服装は、正しい姿勢や動作がしやすいよう伸縮性のあるものを選びます。また、保湿性、透湿性、通気性の良いものを選びましょう。転びやすいのでサンダルやハイヒールは、作業中は履かないようにします。

> **コラム：腰痛ベルト**
>
> 　腰痛ベルトと呼ばれるものには、腰痛があるときに使用するコルセットと、腰痛の発生を予防するために使用する腰痛予防ベルトがあります。腰痛ベルトの効果は、専門家の間でも意見が分かれています。腰痛ベルトを使用することで効果を感じることもありますが、腰痛がある場合はベルトを外した後に痛みが強くなってしまうこともあります。腰痛ベルトの効果や限界を理解してから使用し、必要があれば医師にも相談しましょう。

出典：厚生労働省「職場における腰痛予防対策指針　解説　資料6」

資料1　施設介護における作業標準の作成例

1）全介助を要する事例の場合

＜対象者＞

　　75歳、男性、身長170cm、体重60kg

　　脳出血後遺症による右片麻痺および生活不活発病（廃用性症候群）あり。

　　麻痺と筋力低下により、右手と右足は全く力が入らない。

　　左手と左足は、少し力を発揮できる日もあるが、発揮できない日の方が多い。

＜作業環境＞

　　・電動ベッドを反対側に人が入れるスペースをあけて配置

　　・ベッドに固定式リフトが設置されている

　　・スライディングシートあり

＜評価（アセスメント）シート＞

対象者の状態	評価
体格	身長170cm、体重60kg
歩行	◯不可◯　不安定（要介助）　可（見守り）　自立
立位保持	◯不可◯　不安定（要介助）　可（見守り）　自立
座位保持	不可　不安定　◯要介助◯　可（見守り）　自立
移乗	◯全介助◯　部分介助　見守り　自立
排泄	◯おむつ使用◯ ポータブルトイレ使用・・・要介助　見守り　自立 トイレ使用・・・・・・・・要介助　見守り　自立
入浴	全介助（◯特殊浴槽◯　リフト浴）　部分介助　自力で可（見守り）　自立
移動	◯車椅子を使用◯　歩行を介助　可（見守り）　自立
食事	◯全介助◯　部分介助　見守り　自立 嚥下困難・・・いつもあり　◯時々あり◯　なし
清潔・整容	◯全介助◯　部分介助　見守り　自立
褥瘡	◯あり◯　ないが生じやすい　なし　　　　　（編注：身体のどこかを明示）
意思疎通	困難（認知症　難聴）　◯困難なことあり◯　可能
介護の協力	拒否あり　時々拒否　◯協力的◯
その他 留意事項	難聴があるが、はっきり大きな声で話しかければ意思疎通可能。 今後、座位保持が更に困難になる、褥瘡（床ずれ）が頻発する、誤嚥しやすくなる等、状態の変化が見られれば、速やかに作業標準の見直しを行う。

＜移乗介助における作業標準例＞

〇対象者の身長と体重が一般的には大柄といえるので、原則として複数で介助し、リフトを使用する。

〇やむを得ず人力で抱え上げる必要が生じたときは、身長差の少ない介護者2人以上で行う。ただし、複数人での抱上げは、前屈や中腰等の不自然な姿勢による腰痛の発生リスクが残るため、抱え上げる対象者にできるだけ近づく、腰を落とす等、腰部負担を少しでも軽減する姿勢で行う。

○移乗介助の手順
ベッドから車椅子への移乗介助
① はっきり大きな声で「今から車椅子に座ります」と話しかける。そのとき、姿勢が前かがみにならないようにする。
② ベッドを介助者の腰部付近まで上げる。
③ スリングシートを対象者の下に敷き込む。
④ リフトのハンガーに、スリングシートのフックを引っ掛ける。
（編注：この手順の後に、リフトを少し上げて、スリングがしっかりとかかっているか確認する。）
⑤ 対象者に声をかけながら、リフトを操作し、車椅子に移乗させる。その際、対象者が深く座るように注意しながら、車椅子に下ろす。
⑥ ハンガーからスリングシートのフックを外す。スリングシートは引き抜かず（編注：リフトの種類による。）、フックの部分が車椅子の車輪に巻き込まれないようにしておく。
⑦ 背中にクッションを入れて（編注：背中に限らない）、座位姿勢を安定させる。

車椅子からベッドへの移乗介助
① ベッドが、介助者の腰付近の高さになっていることを確認する。
② はっきり大きな声で「今からベッドに座ります」と話しかける。そのとき、姿勢が前かがみにならないようにする。
③ 対象者の下に敷き込んであるスリングシートのフック部分を、リフトのハンガーに引っ掛ける。
（編注：この手順の後に、リフトを少し上げて、スリングがしっかりとかかっているか確認する。）
④ 対象者に声をかけながら、リフトを操作し、ベッドに移乗させる。その際、対象者がベッドの中央にくるように注意しながら、仰臥位の状態でベッドに下ろす。
⑤ ハンガーからスリングシートのフックを外す。
⑥ スリングシートを引き抜き、対象者の体勢を整えてからベッドの位置を下げる。

2）部分介助を要する事例の場合

＜対象者＞
70歳、女性、身長145cm、体重40kg
脳梗塞後遺症による左不全麻痺と生活不活発病（廃用性症候群）による筋力低下あり。左手は力が入らないが、右手はサイドレールや手すりを持つことができる。

＜作業環境＞
・電動ベッドを反対側に人が入れるスペースをあけて配置
・車椅子は、アームサポート（アームレスト）とフットサポート（フットレスト）が外せるタイプ
・スライディングボードあり

＜評価（アセスメント）シート＞

対象者の状態	評価
体格	身長145cm、体重40kg
歩行	不可　　不安定　　(要介助)　　可（見守り）　　自立

第2章 腰痛予防対策

立位保持	不可　　不安定　(要介助)　　可（見守り）　　自立
座位保持	不可　　不安定（要介助）　　可　(見守り)　　自立
移乗	全介助　(部分介助)　　見守り　　自立
排泄	おむつ使用　（常時　　夜のみ） ポータブルトイレ使用・・(要介助)　　見守り　　自立 トイレ使用・・・・・・・要介助　　見守り　　自立
入浴	全介助（特殊浴槽　(リフト浴)　部分介助　自力で可（見守り）　自立
移動	(車椅子を使用)　(歩行を介助)　可（見守り）　自立
食事	(全介助)　部分介助　見守り　自立 嚥下困難・・・いつもあり　(時々あり)　なし
清潔・整容	(全介助)　部分介助　見守り　自立
褥瘡	(あり)　ないが生じやすい　なし　　　　（編注：身体のどこかを明示）
意思疎通	困難（認知症　難聴）(困難なことあり)　可能
介護の協力	拒否あり　時々拒否　(協力的)
その他 留意事項	歩行介助を行うが、力が入らないときは車椅子を使用。 常に手足に力が入らないような状態になった場合、速やかに作業標準の見直しを行う。

＜ベッドから車椅子への移乗介助における作業標準例＞

○２人での介助が望ましいが１人の介助者でも可能。

○緊急時など、どうしても人力で抱え上げざるを得ない場合、対象者の体重が40kgで一般的には小柄とされるかもしれないが、１人での抱上げは腰痛発生リスクが高いので、身長差の少ない介助者２人以上で行う。

○対象者の残存機能（編注：身体状況）を活かした介護を行うため、対象者の健側（右側）から介助する。

○リフトを使わず、スライディングボードを利用する（編注：座位保持が可能なため）。

○車椅子は、体格に合ったものを選定する。また、座位姿勢を整えるため、クッション等を利用する。

○手順

① 車椅子を、対象者の頭側に30度ぐらいの角度でセットし、両側フットサポート（フットレスト）と左側のアームサポート（アームレスト）を外しておく。

② ベッドを上げて介助者が作業しやすい高さにする。

③ ギャッチアップを使用して対象者を起こし、次いで右手でベッドのサイドレールを持つように言いながら、対象者が端座位をとるよう介助する。

④ ベッド高を車椅子の座面よりやや高い位置に調整する。

⑤ スライディングボードをセットする時は、対象者に少し右の臀部を上げてもらうよう、声かけする。

⑥ 対象者には右手で車椅子の（編注：右側の）アームレストをつかむよう、声かけをする。

⑦ 介助者はしっかり腰を落として、対象者の左側から体幹を支えるように車椅子の方に押して、車椅子への移乗を介助する。

⑧ 移乗が完了したら、対象者が車椅子に深く腰掛けているかを確認してからボードを抜く。

⑨ アームサポート（アームレスト）とフットサポート（フットレスト）をセットする。この時、介助者は、中腰にならないよう、ヒザをついて作業する。

4 働く環境の改善（作業環境改善）

　皆さんの働く職場の環境が直接腰痛の原因になることは少ないのですが、場合により腰痛の発生に関係したり、腰痛を悪化させたりする原因となることもあります。

(1) 温度

　温度の設定が適切でない職場は、腰痛を悪化・発生させるおそれがあります。特に、温度が低すぎると、血管が収縮して、腰部の筋肉が硬くなり腰痛を起こしやすくなります。寒冷期の屋内作業場では暖房設備により適切な温度に保ちましょう。また、入浴介助や風呂掃除により身体が濡れた後の冷えも腰痛の原因になりますので、身体が濡れたらタオルで拭いたり、上着を羽織るなどの細やかな調整が必要です。
　社会福祉施設内は利用者が快適に感じる室温に設定されており、その温度が作業者にとっても適しているとは限りません。作業者は、着衣等で調整をします。

(2) 明るさ

　足もとが暗くてよく見えないと、つまずいたり、すべったり、転倒しやすくなります。瞬間的に腰部に大きな負荷がかかるため、腰痛の要因になります。作業場所、通路、階段などは、足もとや周囲の安全が確認できる明るさにしましょう。

(3) 床

　床面に凹凸や段差、すべりやすい状態があると、つまずき、すべり、転倒の原因になります。特に段差は車椅子やストレッチャーの移動の障害にもなり、車椅子を押す・持ち上げる、などの作業が腰痛の原因になります。また、クッションフロアやカーペット、貼り床は、すべりが悪いこともあります。このため、作業床面はできるだけ凹凸・段差がなく、移動がスムーズにいくものとすることが望まれます。

(4) 作業空間

　作業するためのスペースが狭いと、前かがみやひねりといった腰痛の原因となる不自然な姿勢や動作をせざる得ない状況になります。ベッド周り、通路、トイレなど介助作業の空間を十分に確保します。トイレが狭い場合は、手すりを取り付けて、利用者も作業者も身体を支えることができるようにしましょう。

(5) 自動車の運転

　自動車の運転など長時間にわたって同じ姿勢を続け振動を受けると、腰部に負担がかかり腰痛が発生しやすくなります。利用者の送迎などで長時間自動車を運転する場合は、ときどき小休止や休憩をとり、その際も車両から降りてストレッチを行い、筋肉の疲労をとるようにします。

> **コラム：危険・有害物質の管理と作業環境改善**

　第2章では、腰痛予防対策の観点から働く環境の改善を解説しました。そのほか職場で有害な物質を取り扱う際に、有害物質に触れたり吸い込んだりする（ばく露と言います。）ことで、働く人が健康を害することがあります。

　例えば、医療施設や社会福祉施設等において、殺菌・消毒や滅菌を目的として、ホルムアルデヒドやエチレンオキサイド（酸化エチレン）のような特定化学物質にあたる有害物を使用することがあります。病理部門がある医療機関では、高濃度のホルムアルデヒドに作業者がばく露し、健康障害が発生した例もあります。

　こうした健康障害を防ぐため、作業環境の有害性のレベルを測定して、有害性のレベルが高い場合には、そのレベルを低下させなくてはなりません。有害物質を使用する作業では、法令に基づいた作業環境測定※を実施する必要がありますが、ホルムアルデヒドやエチレンオキサイドの場合、作業環境測定は6カ月以内ごとに1回、定期に実施し、その測定および評価結果を30年間保存しなければなりません。さらに結果が悪かった場合は、その区分に応じて、作業環境の改善や対策を講じる必要があります。

　ホルムアルデヒドやエチレンオキサイドやその他の有害物を使用していないか確認し、またそれらを使用している場合、作業環境測定を実施するなど適切に対応しましょう。

　また、労働安全衛生法の改正により化学物質のリスクアセスメントの実施が義務化されることが決まっており（平成28年6月施行）、エタノールや次亜塩素酸等がその対象になる可能性がありますので、その対応も必要になります。

　なお、消毒や漂白等に用いられる次亜鉛素酸塩溶液と、洗浄や水処理等に用いられる酸性溶液の薬品が混ざると、人体に有害な塩素ガスが発生し中毒を起こすことがあり危険です。社会福祉施設でも浴室清掃などの際に災害が発生しています。

※　**作業環境測定とは**
　労働安全衛生法には、有害な業務を行う10種類の作業場について、作業前もしくは定期的に作業環境測定を行い、その結果を記録・保存しておかなければならないことを定めています（労働安全衛生法第65条、労働安全衛生法施行令第21条）。

　また、粉じん、有機溶剤、特定化学物質等、鉛、放射性物質を取り扱う職場では、6カ月～1年以内ごとに作業環境測定士（国家資格所持者）に測定させなければなりません。

　測定結果は、第1～第3管理区分に区分され、最も環境管理が適切でないと判断される第3管理区分となった場合、作業環境の点検や改善を実施する義務があります。また、産業医が必要と認める場合には、健康診断の実施等必要な措置を講ずることになっています。

5 リスクアセスメント

(1) リスクアセスメントとは

　リスクの意味を辞書でひくと、「危険」とか「危険度」、また、アセスメントは「評価」を意味するとあります。リスクアセスメントとは事前に危険度を評価し、危険度の大きなものから優先順位をつけて対策を行う手法で、労働災害の防止にその効果を発揮しています。腰痛予防対策についても、この手法が効果的であるとされ、「職場における腰痛予防対策指針」でも、リスクアセスメントの実施が推奨されています。

　腰痛を発症させるリスクは、これまで見てきたように、動作要因、環境要因、作業者個人の要因とさまざまです。要介護度など対象者に関する要因、福祉用具の使用状況などの状況も影響します。また、こうしたリスクに対処する際、優先順位をつけて検討し、選択肢の中から費用対効果も考え対策を行うとよいのです。要因を分析し評価するプロセス自体がリスクアセスメントであり、たくさんの要因が絡み合って生じる腰痛問題に対処するためには、適したアプローチといえます。

　以下に、腰痛のリスクアセスメントの進め方を紹介します。ぜひ、この手法を取り入れて、腰痛の発生を防ぎましょう。

(2) リスクアセスメントの手法

　リスクアセスメントにはさまざまな手法がありますが、社会福祉施設に向いた手法として、一般的には、厚生労働省の「介護労働者の腰痛予防対策チェックリスト」(34ページ参照)が用いられています。これは、チェックリストの該当する項目に〇印をつけていくことにより、リスクアセスメントができるように作成されています。やり方は、各施設の状況に合うようアレンジして使用して差し支えありません。腰痛のリスクの大きさが正しく評価でき、効果的にリスクを低減する対策をとることができればいいのです。

(3) リスクアセスメントの進め方

ア．リスクアセスメントのための体制の整備

　リスクアセスメントを効果的に進めるには、施設長や理事長など施設のトップ、安全・衛生の担当者、全ての作業者の参加・協力のもとに、施設全体として取り組むことがポイントとなります。施設全体で取り組む体制をとることによって、腰痛のリスクに対する認識を施設内全体で共有でき、また、全ての作業者が参加することにより腰痛対策に関する意識を高めることができるのです。

　腰痛予防対策に組織的に取り組むチームを編成し、リスクアセスメントについても中心的役割を担うことが望まれます（後述6、40ページ参照）。

イ．具体的な進め方

❶ リスクアセスメント対象作業の選定

社会福祉施設では腰痛発生の要因となる作業が多いため、どの作業からリスクアセスメントを行えばよいのか迷うことがあります。そこで、「過去に腰痛が発生した作業」や「多くの作業者が腰部への負担が大きいと考えている作業」のように、改善や対策の必要性が高いと考えられる作業を選び、その作業からリスクアセスメントを行っていくのもよいでしょう。

❷ リスクアセスメントの実施者

リスクアセスメントを行う際は、担当者だけに任せるのではなく、対象作業に関わる作業者が必ず参加します。作業内容をよく知っている作業者がリスクアセスメントに加わらないと、正しいリスク評価ができないからです。

❸ リスクの評価

腰痛の発生にはさまざまな要因が関与しています。また同じ作業であっても利用者の状態（全介助、部分介助、見守り）によって、腰部への負担が異なる場合もあります。そこで、利用者ごとに、かつ介助作業ごとにリスクアセスメントを行います。厚生労働省のチェックリスト（34ページ参照）を利用すれば、以下のa.～d.で該当する項目に○印をつけていくだけで簡易にリスクを評価することができます。その際、作業者が1人で行うのではなく、腰痛予防対策チームのメンバーやフロアリーダーなど（40ページ参照）作業を熟知した作業者が数人で意見を交換しながら○印をつけていきます。意見を交換しながらリスクアセスメントを進めることで、リスクの共有化を図ることができます。

> **ポイント**
>
> a. 作業姿勢
>   前かがみ、中腰、腰部のひねりなど、腰部に負担のかかる不自然な姿勢や不安定な姿勢をとる必要があるか。
>
> b. 作業者の腰への重量負荷
>   利用者の体重や状態（部分介助、自立など）、福祉用具の使用などを踏まえ、介護作業者の腰部への負荷はどれくらいあるか。
>
> c. 作業回数、作業時間
>   リスクアセスメントの対象とする介助作業の回数はどれくらいあるか。または、作業時間の長さはどれくらいか。
>
> d. 働く環境の状態
>   介助を行う作業場所が狭い、ベッドが低い、すべりやすい、段差や障害物がある、室温が適切でない、作業場所が暗いなど腰に負担がかかるかどうか。

❹ リスクの低減対策

❸の結果から、リスクの高い作業から優先的に、リスクを低減する対策を検討します。具体的には「3 仕事のしかたの改善（作業改善）」、「4 働く環境の改善（作業環境改善）」に書かれていることの中から、リスクが減るか、実行できるかを安全・衛生の担当者や作業を熟知した作業者が数人で意見を交換しながら検討し、対策を講じます。また、福祉用具の導入など施設長や理事長の判断が必要な場合は、検討する際に同席してもらい意見交換すると良いでしょう。

リスク低減対策を実施した後は、リスクが本当に下がっているか確認するために再度リスクアセスメントを行います。

❺ リスクアセスメントの記録

リスクアセスメントの結果、検討したリスク低減措置の内容、実施したリスク低減措置は記録し保管しておきます。利用者の機能の変化や福祉用具の新規導入により、リスクも変化します。リスクアセスメントは1回行って終了するのではなく、定期的に行うことが望まれます。リスクアセスメントの記録は、次のリスクアセスメントの参考となります。

次ページに、腰痛予防のためのリスクアセスメントの進め方の参考資料を示します。

出典:「社会福祉施設における介護・看護労働者の腰痛予防の進め方」
(平成26年3月中央労働災害防止協会)

資料2　腰痛予防のためのリスクアセスメントの進め方

　リスクアセスメントとは、職場にあるさまざまな危険の芽（リスク）を洗い出し、それにより起こる労働災害リスクの大きさ（負傷または疾病の重篤度＋可能性）を見積もり、大きいものから優先的に対策を講じていく手法である。

　リスクアセスメントの導入には、事業場トップが導入を決意表明し、リスクアセスメント担当者（実施責任者）を選任し推進メンバーを明確にすることが必要である。福祉施設では、事業場トップが理事長や施設長で、リスクアセスメント担当者（実施責任者）はフロア（ユニット）の腰痛予防リーダーがそうした役割を担う。

　介護・看護作業等に従事する労働者の腰痛の発生には、「対象者の要因」、「作業姿勢・動作の要因」、「作業環境の要因」、「労働者の要因」、「福祉用具（機器や道具）の要因」、「心理・社会的要因」のさまざまな要因が関与していることから、これらの要因に属する腰痛の発生に関わる危険性（ハザード）を的確に把握しそのリスクに応じた、リスク回避・低減策（腰痛予防対策）を講じる必要がある。

　リスクアセスメントの進め方を、リスクアセスメント手順（下図）に沿って解説する。

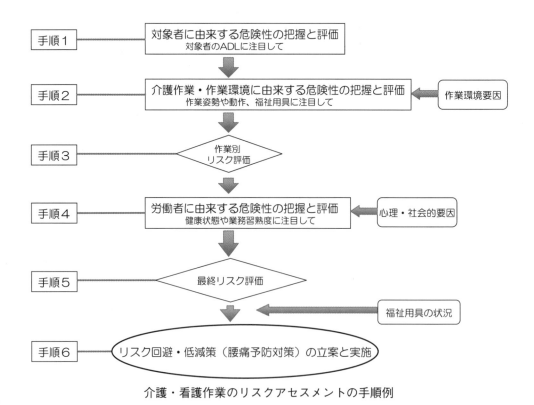

介護・看護作業のリスクアセスメントの手順例

手順1　対象者に由来する危険性の把握と評価

　社会福祉施設では対象者が入所する際に、また定期的に対象者のADL（日常生活動作）などを評価して、ケアプランが作られ全介助・部分介助などの分類がなされている。この中に腰痛発生の危険性（ハザード）に関する情報がある。そこで、ADLに基づき対象者のリスク評価を行う。

　評価（アセスメント）シートの例を以下に、実施例（全介助、部分介助）を34ページに示す。

評価（アセスメント）シートの例

対象者名	
体格	身長　　　cm、体重　　　kg
評価日	
評価者	

心身の機能／状態	評　価
歩行	a不可　b不安定（要介助）　c可（見守り）　自立
立位保持	a不可　b不安定（要介助）　c可（見守り）　自立
座位保持	a不可　b不安定（要介助）　c可（見守り）　自立
移乗	a全介助　b部分介助　c見守り　自立
排泄	aおむつ使用 　ポータブルトイレ使用・・・a要介助　c見守り　自立 　トイレ使用・・・・・・・a要介助　c見守り　自立
入浴	a全介助（特殊浴槽　リフト浴）　b部分介助 c自力で可（見守り）　自立
移動	a車椅子を使用　b歩行を介助　c可（見守り）　自立
食事	a全介助　b部分介助　c見守り　自立
嚥下困難	aいつもあり　b時々あり　cなし
清潔・整容	a全介助　b部分介助　c見守り　自立
褥瘡	aあり　bないが生じやすい　cなし　　　（編注：身体のどこかを明示）
意思疎通	a困難（認知症　難聴）b困難なことあり　c可能
介護の協力	a拒否あり　b時々拒否　c協力的
その他留意事項	

　「対象者の心身の機能／状態」の各項目の評価に「a全介助」や、「b部分介助」などに該当する項目がある場合は、介護作業や作業環境に由来して生じるハザードを検討する。対象者の心身の機能は、入所生活の中で変化するので、入所時の評価を固定的に捉えるべきではない。対象者の心身の機能が変化した場合は、適宜、再評価すべきであり、定期的に（例えば、1週間ごとなど）ADLに変化がないか確認すべきである。

手順2　介護作業・作業環境に由来する危険性の把握と評価

(1) 介護作業・作業環境由来の危険性

　　手順1で、施設内での生活に全介助や部分介助が必要と判定された対象者については、介護が必要と想定される場面ごとに、介護作業や作業環境に由来する腰痛発生の危険性について、そのリスクの大きさを評価する。具体的には、移乗介助、入浴介助、排泄介助、おむつ交換、体位変換、清拭、食事介助、更衣介助、移動介助等について、抱上げ、不自然な姿勢（前屈、中腰、ひねり、反り等）および不安定な姿勢、これら姿勢の頻度、同一姿勢での作業時間などについて検討する。介護作業の中でも最大の危険性は、重量の負荷、姿勢の固定、前屈等の不自然な姿勢で行う作業等の繰り返しにより、労働者の腰部に過重な負担が持続的に、または反復して加わることであり、これが腰痛の大きな要因となっている（下図）。特に、労働者単独での「抱上げ」は危険性が極めて高い。

　　作業環境については、温湿度、照明、床面、作業高、作業空間、物の配置、休憩室等が適切かをチェックする。介護作業時に、ベッドの高さを電動で適切に調整できるか、トイレには介護に必要な空間が確保されているか、ベッドサイドに車椅子をつけることができるかなど、具体的に検討し判断する。

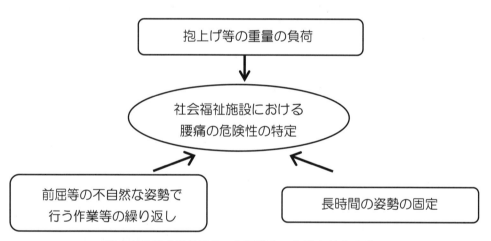

腰痛を発症する危険性のある動作・作業を特定する。
1人で対象者を抱え上げることは、最大の危険性がある。

(2) 危険性の把握と評価のためのチェックリストの活用

　　腰痛の発生に関与する要因を洗い出し、そのリスクを評価するためには、チェックリストの活用が有効である。

> **チェックリストの対象となる作業**
>
> - 着衣時の移乗介助（ベッド⇔車椅子・ポータブルトイレ、車椅子⇔便座・椅子・ストレッチャー）
> - 非着衣時の移乗介助（対象者が服を着ていない時の入浴・身洗・洗髪時などに生じる移乗介助）
> - 移動介助（対象者を支えながらの歩行・車椅子での介助）
> - 食事介助（座位姿勢やベッド脇での介助）
> - 体位変換（褥創予防のために、ベッド上の対象者の体位変換を行う）
> - 清拭介助、整容・更衣介助
> - おむつ交換（ベッドや床上の対象者のおむつ交換を行う）
> - トイレ介助（脱着衣、洗浄、便座への移乗、便座上の対象者支持など）
> - 入浴介助（一般浴、機械浴での脱着衣、入浴、身洗、洗髪など）
> - 送迎業務（送迎車への移乗・移動）
> - その他

　手順1で作成した「評価（アセスメント）シート」（31ページ）について、腰痛発症の危険性の高いものを見逃すことなく「介護労働者の腰痛予防対策チェックリスト」で評価を行う（作成例は次のページ）。このチェックリストは、リスクアセスメントの手法を踏まえて、介護作業において腰痛を発生させる直接的または間接的なリスクを見つけ出し、リスク低減対策のための優先度を決定、対策を講じ、介護作業者の腰痛を予防することを目的としている。

> **「介護労働者の腰痛予防対策チェックリスト」使用方法**
>
> 対象者名、評価日、評価者名を記入する。
> ① 該当する「介護サービス」の□にチェックを入れる。
> ② 行っている「介助作業」の□にチェックを入れる。
> ③ 「リスクの見積り」の該当する評価に○をつける。
> ④ 「リスクを低減するための対策例」を参考に対策を検討する。

第2章 腰痛予防対策

介護労働者の腰痛予防対策チェックリスト

31ページの「評価（アセスメント）シート」（部分介助）に沿って、腰痛予防対策を記述した例。

対象者名 ○○○　　評価日 平成○年○月○日　　評価者名 ○○○

①介護サービス：☑施設介護　／　□デイケアサービス　／　□在宅介護

②介助作業	具体的な作業内容	③リスクの見積り						リスクの要因例	④リスクを低減するための対策例（概要）
		単独での抱上げ	作業姿勢	重量負荷	頻度/作業時間	作業環境	リスク		
☑着衣時の移乗介助	ベッド⇔車椅子、ベッド⇔ポータブルトイレ、車椅子⇔便座、車椅子⇔椅子、車椅子⇔ストレッチャーなどの移乗介助	A あり / b やや不良 / (c) なし	a 不良 / (b) やや不良 / c 良	a 大 / (b) 中 / c 小	(a) 頻繁 / b 時々 / c ほぼなし	a 問題あり / b やや問題 / (c) 問題なし	高 / (中) / 低	・前屈や中腰姿勢での要介護者の抱上げ ・要介護者との距離が遠く、不安定な姿勢での移乗 など	・リフト、スライディングボード等移乗介助に適した介護機器を導入する。 ・身体の近くで支え、腰の高さより上に持ち上げない。背筋を伸ばしたり、身体を後ろに反らさない。 ・体重を重い要介護者は、複数の者で介護する。 ・中腰や腰をひねった姿勢の作業等では、小休止・休息、他の作業との組合せを行なう。 ・特定の介護者に作業が集中しないよう配慮するなど。
□非着衣時の移乗介助	要介護者が服を着ていない時の入浴、身洗、洗髪に伴う移乗介助	A あり / b やや不良 / c なし	a 不良 / b やや不良 / c 良	a 大 / b 中 / c 小	a 頻繁 / b 時々 / c ほぼなし	a 問題あり / b やや問題 / c 問題なし	高 / 中 / 低	・介護者が服を掴めないことで不安定な姿勢での抱上げ ・前屈や中腰姿勢での移乗 ・手がすべるなどの不意の事故で腰に力を入れる、ひねる など	・リフト等の介助機器、機械浴のための設備、入浴用ベルトなどの介護器具を整備する。 ・身体の近くで支え、腰の高さより上に持ち上げない。背筋を伸ばしたり、身体を後ろに反らさない。 ・体重を重い要介護者は、複数の者で介護する。 ・中腰や腰をひねった姿勢の作業等では、小休止・休息、他の作業との組合せを行なう。 ・特定の介護者に作業が集中しないよう配慮するなど。
□移動介助	要介護者を支えながらの歩行介助、車椅子での移動介助	A あり / b やや不良 / c なし	a 不良 / b やや不良 / c 良	a 大 / b 中 / c 小	a 頻繁 / b 時々 / c ほぼなし	a 問題あり / b やや問題 / c 問題なし	高 / 中 / 低	・前屈や中腰姿勢、要介護者を抱えての移動 ・要介護者と介護者との体格の不一致 ・要介護者が倒れそうになることで腰に力を入れる、ひねる など	・杖、歩行具、介助用ベルト等の介護器具、手すりなどの設備を整備する。 ・体重の重い要介護者は、複数の者で介護する。 ・通路及び各部屋に移動の障害となるような段差を設けないなど。
□食事介助	座位姿勢のとれる要介護者の食事介助、ベッド脇での食事介助	A あり / b やや不良 / c なし	a 不良 / b やや不良 / c 良	a 大 / b 中 / c 小	a 長い / b やや長い / c 短い	a 問題あり / b やや問題 / c 問題なし	高 / 中 / 低	・体をひねったり、バランスの悪い姿勢での介助 ・長い時間に及ぶ同一姿勢 など	・椅子に座って要介護者の正面を向く。ベッド上では膝枕の姿勢をとる。 ・同一姿勢を長く続けないなど。
□体位変換	褥瘡などの障害を予防するための体位変換、寝ている位置の修正、ベッドまたは布団から要介護者を起き上がらせる介助	A あり / b やや不良 / c なし	a 不良 / b やや不良 / c 良	a 大 / b 中 / c 小	a 頻繁 / b 時々 / c ほぼなし	a 問題あり / b やや問題 / c 問題なし	高 / 中 / 低	・前屈や中腰姿勢で要介護者を引いたり、押し上げたり、持ち上げたりする介助 など	・ベッドは要介護者の移動が容易で高さ調整が可能なものを整備するとともに活用する。スライディングシートなどの介護機器を導入する。 ・体重を重い要介護者は、複数の者で介護するなど。
□清拭介助 整容・更衣介助	要介護者の体を拭く介助、衣服の脱着衣の介助、身だしなみの介助など	A あり / b やや不良 / c なし	a 不良 / b やや不良 / c 良	a 大 / b 中 / c 小	a 頻繁 / b 時々 / c ほぼなし	a 問題あり / b やや問題 / c 問題なし	高 / 中 / 低	・体をひねったり、バランスの悪い姿勢、前屈や中腰姿勢での介助 など	・ベッドは高さ調整が可能なものを整備するとともに活用する。 ・極力要介護者を身体の近くで支える。 ・中腰や腰をひねった姿勢の作業などでは、小休止・休息、他の作業の組合せなどを行なうなど。
□おむつ交換	ベッドや布団上でのおむつ交換	A あり / b やや不良 / c なし	a 不良 / b やや不良 / c 良	a 大 / b 中 / c 小	a 頻繁 / b 時々 / c ほぼなし	a 問題あり / b やや問題 / c 問題なし	高 / 中 / 低	・前屈や中腰姿勢で要介護者の身体を持ち上げたり、支えたりする介助 など	・ベッドは高さ調整が可能なものを整備するとともに活用する。 ・極力要介護者を身体の近くで支える。 ・中腰や腰をひねった姿勢の作業等では、小休止・休息、他の作業との組合せを行なうなど。
□トイレ介助	トイレでの排泄に伴う脱着衣、洗浄、便座への移乗などの介助	A あり / b やや不良 / c なし	a 不良 / b やや不良 / c 良	a 大 / b 中 / c 小	a 頻繁 / b 時々 / c ほぼなし	a 問題あり / b やや問題 / c 問題なし	高 / 中 / 低	・狭いトイレでの前屈や中腰姿勢で要介護者の身体を持ち上げたり、支えたりする介助 など	・介護用ベルト等の介護器具、手すりなどの設備を整備する。 ・極力要介護者を身体の近くで支える。 ・動作に支障がないよう十分な広さを有する作業空間を確保するなど。
□入浴介助	一般浴、機械浴における服の脱着衣、入浴、身洗、洗髪などの介助	A あり / b やや不良 / c なし	a 不良 / b やや不良 / c 良	a 大 / b 中 / c 小	a 頻繁 / b 時々 / c ほぼなし	a 問題あり / b やや問題 / c 問題なし	高 / 中 / 低	・無理な姿勢や前屈、中腰姿勢での洗身、洗髪などの介助 ・滑りやすい床で急に腰部に力が入る動作 など	・移動式洗身台などの介助機器を導入する。手すり、取っ手、機械浴のための設備の整備をする。 ・浴槽、洗身台、シャワー設備などの配置は、介護者の無用の移動をできるだけ少なくし、シャワーの高さなどは、介護者の身長に適合したものとする。滑りにくい踏み板なども使用する。 ・極力要介護者を身体の近くで支える。 ・体重の重い要介護者は、複数の者で介護するなど。
□送迎業務	送迎車への移乗、居宅から送迎車までの移動など	A あり / b やや不良 / c なし	a 不良 / b やや不良 / c 良	a 大 / b 中 / c 小	a 頻繁 / b 時々 / c ほぼなし	a 問題あり / b やや問題 / c 問題なし	高 / 中 / 低	・送迎車での車椅子の乗り下ろし ・要介護者を抱きかかえての移動、移乗 など	・体重の重い要介護者は、複数の者で介護する。 ・極力要介護者を身体の近くで支える。 ・通路及び各部屋に移動の障害となるような段差を設けないなど。
□生活援助	調理、洗濯、掃除、買い物など	A あり / b やや不良 / c なし	a 不良 / b やや不良 / c 良	a 大 / b 中 / c 小	a 長い / b やや長い / c 短い	a 問題あり / b やや問題 / c 問題なし	高 / 中 / 低	・前屈や中腰姿勢での作業 ・長い時間に及ぶ同一姿勢 など	・腰に負担のかかりにくいモップなどの生活用品を使用する。 ・中腰や腰をひねった姿勢の作業などでは、小休止・休息、他の作業との組合せなどを行なうなど。
□その他		A あり / b やや不良 / c なし	a 不良 / b やや不良 / c 良	a 大 / b 中 / c 小	a 頻繁 / b 時々 / c ほぼなし	a 問題あり / b やや問題 / c 問題なし	高 / 中 / 低		

資料2　リスクアセスメントの進め方

(3) リスクの見積り

「介護労働者の腰痛予防対策チェックリスト」の右端のリスクの高低については、以下のリスクの見積りによって、評価を行う。

〔リスクの見積り例〕

①単独での抱上げ

単独での抱上げ	基準（内容の目安）	評価
大いに問題がある	・単独で対象者を抱え上げたり、持ち上げている。	A　不良
ほとんど問題なし	・適切な作業姿勢を実践している。	c　良

②作業姿勢

作業姿勢	基準（内容の目安）	評価
大いに問題がある	・前屈、中腰、坐位姿勢になる作業において、適切な作業姿勢ができていない。 ・腰をひねった姿勢を長く保つ作業がある。 ・不安定で無理な姿勢が強いられるなど。	a　不良
やや問題がある	・前屈、中腰、坐位姿勢になる作業において、適切な作業姿勢を意識しているが十分に実践できていない。	b　やや不良
ほとんど問題なし	・適切な作業姿勢を実践している。	c　良

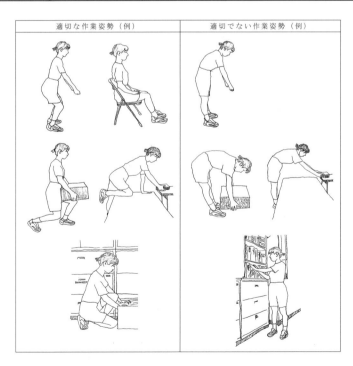

③重量負荷

重量負荷	基準（内容の目安）	評価	
かなり大きい	・介護作業に関連して持ち上げる必要がある物の重量が、介護作業者1人あたり10kg以上の重量負荷となる。	a	大
やや大きい	・介護作業に関連して持ち上げる必要がある物の重量が、介護作業者1人あたり10kg未満の重量負荷となる。	b	中
小さい	・重量負荷はほとんどない。	c	小

④作業頻度／作業時間

頻度	基準（内容の目安）	評価	
頻繁にある	・腰に負担のかかる動作が1時間あたり十数回になる。 ・腰に負担のかかる動作が数回程度連続することが続く。	a	頻繁
時々ある	・腰に負担のかかる回数が1時間あたり数回程度である。 ・腰に負担のかかる動作が連続することがあるが、腰部に負担の少ない軽作業との組合せがある。	b	時々
あまりない	・腰に負担のかかる回数が1日に数回程度。	c	ほぼなし

作業時間	基準（内容の目安）	評価	
時間がかかる	・同一姿勢が数分以上続く作業がある。	a	長い
やや時間がかかる	・同一姿勢が数分未満続く作業がある。	b	やや長い
あまりない	・同一姿勢が続くような作業はほとんどない。	c	短い

⑤作業環境

作業環境	基準（内容の目安）	評価	
大いに問題がある	・作業場所が狭い（作業場所が確保できない）、すべりやすい、段差や障害物がある、室温が適切でない、作業場所が暗い、作業に伴う動作、姿勢を考慮した設備の配置などがなされていない。	a	問題あり
やや問題がある	・対策が講じられてある程度問題は解決されているが、十分ではない。	b	やや問題
ほとんど問題はない	・適度な作業空間がある、すべり転倒などの対策ができている、段差や障害物がない、適切な室温が保たれている、適切な明るさである、作業に伴う動作、姿勢を考慮した設備の配置などが配慮されている。	c	問題なし

手順3　作業別のリスク評価

それぞれの作業でのレベル「A」、「a」、「b」、「c」の組合せにより、対象者ごとに介護作業や作業環境に由来するリスクの程度を見積もることができる。次の表は、その一例である。

リスク	評価の内容	評　価
高	「A」があるか、「a」の評価が2個以上含まれる	腰痛発生リスクは高く優先的にリスク低減対策を実施する。
中	「a」の評価が1個含まれる、または全て「b」評価	腰痛発生のリスクが中程度あり、リスク低減対策を実施する。
低	「b」と「c」の評価の組合せ、または全て「c」評価	腰痛発生のリスクは低いが必要に応じてリスク低減対策を実施する。

　具体的な介護・看護等の作業を想定してリスクを見積もる。リスクの見積りに関しては、個々の要因ごとに「高い」、「中程度」、「低い」などと評価を行い、当該介護・看護等の作業のリスクを評価する。

　「単独での抱上げ」でA評価があるかa評価が2個以上で「高」、a評価が1個含まれるかまたは全てb評価で「中」、bとcの評価の組み合わせまたは全てc評価で「小」とする。また、A評価がある場合やa評価が3個以上ある場合は、極めて「高いリスク」であって、許容しがたい（放置できない）リスクなので、ただちに対策を講じる必要がある。「高いリスク」と判定される介護・看護作業が必要な対象者数が多いフロア（ユニット）は、労働者の腰痛発生リスクが高いフロア（ユニット）となるので、施設としての対策優先度を高める必要がある。

　次項の手順4で示しているように、リフトの導入、スライディングシートの利用など種々の対策が必要だが、福祉用具の導入まで時間を要する場合は、2人以上での共同作業にするなどの暫定的な対応が必要である。

　チェックリストに基づき、リスクレベルが明らかになるので、原則としてリスクが「高」の作業や場面から順に、腰痛予防の対策を行うための優先順位を決定する。

手順4　労働者に由来する危険性の把握と評価

　介護作業や作業環境に由来する危険性は、労働者の状況によって、危険性の大きさが異なる。例えば、同じ重量の物を運ぶとしても、すでに腰痛を発症している労働者や、妊娠により重量物の取り扱いが制限されている労働者や経験に浅い労働者にとっては危険性が大きくなる。リフトが配備されていても、労働者が適切に使う技能を（編注：教育がなされず）身につけていなければ、単独での抱上げ作業を行うことになり、大きなリスクが生じる。労働者に由来する危険性は労働者一人ひとりについて把握評価する必要がある。実際の手順としては、同じ作業に従事する労働者の中でも、現在「腰痛」を発症している労働者や、過去に重篤な腰痛を発症したことがある労働者など、腰痛発生の危険性が高いと考えられる労働者から把握評価し、安全に介護・看護作業が行えるように作業方法や環境を整備すれば、フロア（ユニット）全体の危険性を回避・低減することになる。労働者に由来する危険性の評価に際しては、労働者が職場の人間関係や、対象者やその家族との人間関係に悩んでいないか、楽しく仕事ができているかなど心理社会的要因にも注意を払う。

> **労働者に由来する危険性の評価例**
>
> 1　リスク「高」
>
>   （1）腰痛で業務軽減処置が指示されている
>
>   （2）腰痛以外の疾患で、業務軽減処置が指示されている
>
>   （3）妊娠している
>
> 2　リスク「中」
>
>   （1）新採用、あるいは異動後間もないため、業務に慣れていない
>
>   （2）腰痛予防のための教育を修了していない
>
>   （3）リフトやスライディングシートなど福祉用具の使用方法についての技術研修を修了していない
>
>   （4）家庭での家事・育児・看病・介護負担が大きい
>
>   （5）日々の睡眠時間が6時間未満で寝不足感がある
>
> 3　リスク「低」
>
>   特に、健康上、生活上の問題がない

手順5　最終リスク評価

　手順2で求めた作業別のリスク（「評価（アセスメント）シート」）と労働者由来のリスクを用いて、各介護・看護作業を労働者が行う時の、最終リスクを求める（次ページ「最終リスク評価のための表」参照）。リスクの大きさに応じて、対処法が示される。労働者由来のリスクが「高」い労働者を作業のリスクが「高」い介護・看護作業に従事させるべきでない。もちろん、作業のリスクがリスク回避・低減策の実施により、「中」あるいは「低」に改善できれば、従事させながら対策を進めることが可能となる。作業別リスクが「高」と判定された作業については、労働者のリスクに関わらずリスク回避・低減策の実施が必要となる。またその対策実施の緊急性は高い。

最終リスク評価のための表

作業別リスク	労働者由来のリスク	最終リスク	対処法	対策の緊急性
高	高	危険	その作業に従事させない	ー
高	中	高	リスク回避・低減策の実施	高
高	低	高	リスク回避・低減策の実施	高
中	高	高	リスク回避・低減策の実施	高
中	中	中	リスク回避・低減策の実施	中
中	低	低	負担感・自覚症状の追跡	低
低	高	中	負担感、自覚症状の追跡	低
低	中	低	負担感・自覚症状の追跡	低
低	低	低	負担感・自覚症状の追跡	低

手順6　リスク回避・低減策（腰痛予防対策）の立案と実施

　手順5で評価したリスクの大きさや緊急性などを考慮して、リスク回避・低減措置の優先度等を判断しつつ、次に掲げるような、腰痛の発生要因に的確に対処できる対策の内容を決定する。リスク回避・低減策の検討に際しては、利用できる福祉用具の種類や数などの制約を受ける。リスク回避・低減のために利用可能な福祉用具の種類は多くあるので、十分な情報を得て、必要な用具を計画的に整備していくことが重要である。

　社会福祉施設が労働者の腰痛予防を目的に福祉用具を整備することについて、利用可能な助成制度もある。

6 対策を進めるための体制づくり

これまでに取り上げた腰痛予防の取り組みが効果を上げていくには、継続した活動の実施と、活動成果の蓄積が必要です。そのため、衛生委員会（または安全衛生委員会、13ページ参照）の下に腰痛予防対策チームを編成し（図2-9）、予防活動を組織的に進める必要があります。以下に取り組みの例を示します。

(1) 腰痛予防対策チームの役割

腰痛予防対策チームは、（安全）衛生委員会と連携して、施設の腰痛予防対策の立案やその実施に取り組みます。

- リスクアセスメントの実施
- リスク低減策の立案とその評価
- 腰痛の発生に関与する要因やその回避・低減策に関する教育の企画と実施
- 福祉用具の使用に関する研修の企画と実施
- 腰痛健康診断の企画
- その他、労働者に対する腰痛予防に関連した事項の指導や支援

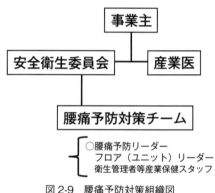

図2-9　腰痛予防対策組織図

対策の立案や実施に当たっては、腰痛健康診断の事後措置、腰痛により休業した労働者の職場復帰時の措置に関する産業医の意見や、リスクアセスメントを実施する際の医学的・生理学的観点の助言を考慮します。

(2) 腰痛予防対策チームの編成

対策チームは腰痛予防リーダーと施設の各フロア（ユニット）に所属する腰痛フロアリーダーと、衛生管理者（または衛生推進者）などの産業保健スタッフとで構成します。

ア．腰痛予防リーダー

腰痛予防リーダーは、施設内での腰痛予防対策について、衛生管理者（または衛生推進者）などの産業保健スタッフと連携して指導的な役割を果たします。中央労働災害防止協会などが実施する専門的な研修を受け、社会福祉施設の腰痛予防に関して、介護・看護作業の腰痛発生要因について理解し、腰痛予防対策を立案し、リフトやスライディングシート等の福祉用具の使用を指導できる能力を持つ者が担当します。施設内研修を担当し、腰痛フロアリーダーなどの作業者の育成にあたります。

イ．腰痛フロア（ユニット）リーダー

腰痛フロアリーダーは、所属するフロアで作業者に腰痛予防対策を指導・支援します。介護・看護作業が持つ腰痛発生要因を理解し、腰痛予防対策について立案・指導できる能力や、リフトやスライディングシート等の福祉用具の使用を指導できる能力を身につけます。また、所属するフロアでの腰痛発生状況を把握したり、危険な働き方が生じていないか点検したり、リフトなど福祉用具の整備・補充状況などを把握します。

7 福祉機器使用時の安全対策

「腰痛予防対策にリフトを使う」というと、「機器は、事故が起こり危険なのでは？」あるいは、「機器を使うことで利用者の自立度が下がるのでは？」といった声がよく聞かれます。機器を使うことが原因で、自立度が下がったり、事故が起こったりするのでしょうか。ここではリフトなどの福祉機器使用時の安全対策を考えたいと思います。

（1）人、もの（道具）、環境でマネジメントする

機器の安全対策を検討する際のポイントは大きく3つに分けられます（図2-10）。①人、②もの（道具）、③環境です。これは、「ノーリフト」注の考えの基本となっています。①は、ケアの提供者（介護・看護など）、管理者そして、患者・利用者やその家族のことを言います。②は、福祉用具全般をさし、ケアなどで必要となる道具（例：床頭台や記録台など）のことです。③には、作業する際の環境（作業環境）を整えるだけでなく、組織のマネジメントやスタッフのサポート体制などの働く環境を整える視点を持つことが含まれます。つまり、①機器を適切に使用できる人材、管理できる人材がいて、これは、利用者の視点にもかなう使われ方をされ、②機器がメンテナンスされた適切な状態で、必要数準備されて、③これらが適切な状態で使用できる体制を整える必要があります。

対象者と機器の選択方法を誤ったり、リスクアセスメントが不十分であると、たとえ機器に問題がなくても安全を担保できないことになります。機器を使うプロがどれだけその機器を知っているか、そしてプロとしてその機器をどのように活かそうとしているのかということで結果は大きく変わってきます。

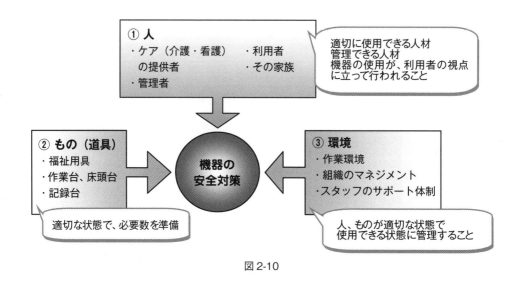

図 2-10

注：ノーリフトとは、1998年にオーストラリア看護連盟によって提唱された「ノーリフティングポリシー」に基づき、看護や介護の腰痛予防対策実施時のプログラムです。腰痛の原因となる介助時には福祉用具などを利用し、人力のみでの移乗介助や移動を制限します。現在では、オーストラリアの看護や介護職が職場で腰痛予防対策を実施する際の合言葉となっています。本稿の内容は、ノーリフトの考え、教育方法に基づいて紹介されています。

(2) リフト使用時の安全対策

福祉用具は、使用前に用具の点検を行い、定められた手順に従って、使用します。ここでは、一番身体の負担が強く、腰痛発生のリスクが高い移乗介助での福祉機器（リフト）使用時の安全対策を例にあげ、解説します。

リフトは、機器本体（天井型／走行型）とスリングとよばれる利用者側へ使用するハンモックのように身体を覆う布の2つをセットとして使用するのが基本です。まず、スリングを利用者の身体を覆うように装着し、次にスリングを機器本体にセットして移乗をはじめ、車椅子やベッドまで移乗した後に、車椅子やベッドでスリングを外し終了となります。

リフト使用時の事故防止のポイントは、「スリングがハンガーに正しく安全にかかっているか」です。しっかりとかかっていないと利用者が落下・転倒し、大事故につながります。福祉機器については、使用時の注意点がたくさんあり使うことが難しいと思われやすいことや、手間がかかるということから、利用をためらってしまいがちですが、機器の基本的な安全のポイントをおさえて使用することで、利用者にも介護・看護者にも有効な機器となります。

実践の知恵

リフトで安全に作業するためのチェック項目（例）
※機器の視点からのチェック項目。機器使用時の利用者の身体アセスメントは別途必要である。

使用前
- リフトの充電が十分であるか（使用途中に電力がなくなることもある
　→電力がなくなった際にも安全に人を下げられるようにリフトには技術的にサポートあり）
- ハンガー、脚、キャスター、ベッド等関連用具もスムーズに動くか
- スリングに破れなどはないか（事故につながる）
- スリングのサイズが対象者に合っているか
　（洋服と同じでサイズがあり、また目的によっても生地が異なる）

リフト使用
- リフトのハンガーフックが2個の場合には、スリングの頭を先に引っかけ、足側は後にする（写真①）
　（緊急時にハンガーからスリングを離す際、頭を守り、足から降りることができる）
- ☆お尻が上がる前にハンガーにスリングが引っかかっているか
- 一度、少し上げてスリングの張りを確認する（写真②）
- リフトを動かした方が良いのか、対象者の身体をサポートしてリフトを操作した方が良いのかを考えて方法を選択する（リフトを動かす方が対象者の揺れは大きい）（写真③）

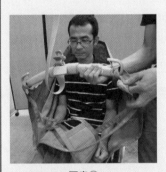
写真①

写真②

写真③

車椅子への着座
- 着座時にハンガーが利用者の頭に当たらないように注意しておく（写真④）
- 車椅子の奥に座らせるために、ヒザやももを後ろに押す、スリングを後ろから引く、車椅子を斜めにウィリーさせる
　→対象者の顔（表情）が見えなくなるので後ろからのサポートは、すすめられない

写真提供：一般社団法人日本ノーリフト協会

写真④

(3) まず、体験（研修）してみること

　上記のチェック項目のような、正しい機器使用の手順に沿うことが第一ですが、福祉用具を介護・看護職場で活用する際に「安全」を守るためには、まず自らが体験してみることから教育を始めます。自身で体験することにより、どうなることが危険か、どうなることが「される側にとって心地よいのか」を知ります。その体験は、ケアに福祉用具を活用するきっかけになります。用具を使用する際の手順について人伝えに聞くだけでは、意味が分からないまま使用することになったり、形だけが伝わってしまったりすることを防ぐことにもなります。

　リフトは日本ではまだ馴染みの少ない機器であることから、細かい手順で教えると利用者の個別性や状況変化の多い現場では、手順が抜けたり変わったりすることもあります。その場合には、体験から学んでいることで、作業手順や作業ミスを防ぎリスクを減らすことができます。例えば、「スリングの足元をクロスするのかストレートで置くのか分からない」という声を聞きますが、介護者が研修中に体験していると、両者の違いが分かってミスを防ぐことにつながり、その経験を応用することもできます。

(4) メンテナンス

　リフトなどの福祉機器は日常点検や定期点検などのメンテナンスが必要です。期間や時期を設定してメンテナンスを行います。設定の期間・期日の前でも、不具合がある場合は、メーカーに確認し修理を依頼します。作業者が、福祉機器の補修等を行う場合はその基準を設けておきましょう。

　メンテナンスや修理に出している際にリフトの数が不足すると、ケアができなくなる可能性もあるので、購入時には、メンテナンスや修理時の代替え機等の手配をあらかじめ検討しておきましょう。

　リフトなどの福祉機器をすぐに購入できないということもあるので、最近では福祉機器の供給会社やレンタル会社で、レンタルシステムを整えているところもあります。また、リフト等の導入で、助成金制度注が使用できることもあるため、最寄りの労働局に問い合わせましょう。

　在宅介護になってからいきなりたくさんの機器や道具を使用するのではなく、病院や施設で適切に機器も使用し、家族やケアの提供者がリフトや福祉用具の使い方の理解を進め、在宅ケアにつなげていくことが必要でしょう。

注：「中小企業労働環境向上助成金」（厚生労働省）

8 健康管理

　介護・看護作業にあたる作業者については、一般的な健康管理に加えて、腰痛等の特有の職業性疾病に対する健康管理を適切に行うことが必要です。労働安全衛生法で定められた健康診断とその結果に基づく事後措置など、全般的な健康管理については第3章で取り上げます。ここではまず、腰痛予防にポイントを置いた健康管理を解説します。

(1) 腰痛健康診断の実施について

　腰痛の健康診断は、厚生労働省の「職場における腰痛予防対策指針」でその実施が求められるものです。職場で健康に悪影響を及ぼす有害な因子のある業務に従事する場合に行われる特殊健康診断の一つで、腰痛の早期発見や腰痛につながる所見の発見と適正な事後措置を目的に実施するものです。

　健康診断の結果により、腰痛の発症リスクの高い作業者を発見し、その人に関する健康管理上のアドバイスや助言、必要に応じて治療や保健指導を行います。さらに、担当業務の変更など就労上の措置を講じて、作業内容や作業環境などにおける腰痛発生のリスクの把握、予防対策に活用することが求められています。

ア．配置前の腰痛健康診断

　　仕事をはじめる前（配置前）の労働者の健康状態を把握し、その後の健康管理の基礎資料とするための腰痛健康診断の項目は、次のとおりです。なお、医師が必要と認める者については、画像診断と運動機能テスト等を行います。

---

① 既往歴（腰痛に関する病歴およびその経過）および業務歴の調査
② 自覚症状（腰痛、下肢痛、下肢筋力減退、知覚障害等）の有無の検査
③ 脊柱の検査：姿勢異常、脊柱の変形、脊柱の可動性および疼痛、腰背筋の緊張および圧痛、脊椎棘突起の圧痛等の検査
④ 神経学的検査：神経伸展試験、深部腱反射、知覚検査、筋萎縮等の検査
⑤ 脊柱機能検査：クラウス・ウェーバーテストまたはその変法（腹筋力、背筋力等の機能のテスト）

イ．腰痛定期健康診断

　（a）定期（6カ月以内ごとに1回）に行う腰痛の健康診断の項目は、次のとおりです。

①　既往歴（腰痛に関する病歴およびその経過）および業務歴の調査
②　自覚症状（腰痛、下肢痛、下肢筋力減退、知覚障害等）の有無の検査

（b）上記（a）の健康診断の結果、医師が必要と認める者については、次の項目についての健康診断を追加して行います。

①　脊柱の検査：姿勢異常、脊柱の変形、脊柱の可動性および疼痛、腰背筋の緊張および圧痛、脊椎棘突起の圧痛等の検査
②　神経学的検査：神経伸展試験、深部腱反射、知覚検査、徒手筋力テスト、筋萎縮等の検査

なお、医師が必要と認める者については、画像診断と運動機能テスト等を行います。

ウ．事後措置

事業者は、腰痛の健康診断の結果について医師から意見を聴き、労働者の腰痛を予防するため必要があると認めるときは、作業の実施体制、作業方法等の改善、作業時間の短縮等、就労上必要な措置を講ずることが求められています。また、睡眠改善や保温対策、運動習慣の獲得、禁煙、上司や同僚のサポート、ストレスコントロール等の日常生活における効果的な助言をすることも重要になります。

(2) 腰痛予防体操

「職場における腰痛予防対策指針」では、腰痛予防体操について、腰部を中心とした腹筋、背筋、でん筋等の筋肉の柔軟性を確保し、疲労回復を図ることを目的としたストレッチング（ストレッチ、ストレッチ体操）を主体とするよう求めています。その実施時期についても作業開始前、作業中、作業終了後にこだわらず、疲労の蓄積度合いに応じて適宜、腰痛予防体操を行うようにすることで、ストレッチング本来の効果が期待できます。また、腰痛など自分自身の健康状態を考慮し、無理のない範囲で実施しましょう。

指針で紹介されている腰痛予防体操は、筋肉を伸ばした状態で静止する「静的なストレッチング」です。反動や動きを伴う「動的ストレッチング」に比べ、「静的ストレッチング」の方が、一般的に筋肉への負担が少なく安全に実施できます。柔軟性、リラクセーションを高めることができ、筋肉の疲労回復にも効果的です（図2-11）。

効果的な「静的ストレッチング」を行うには、次のことに留意します。

ポイント

① 息を止めずにゆっくりと吐きながら伸ばしていく
② 反動・はずみはつけない
③ 伸ばす筋肉を意識する
④ 張りを感じるが痛みのない程度まで伸ばす
⑤ 10秒から30秒伸ばし続ける
⑥ 筋肉を戻すときはゆっくりとじわじわ戻っていることを意識する
⑦ 1度のストレッチングで1回から3回ほど伸ばす

なお、急性期の腰痛で痛みなどがある場合や回復期で痛みが残る場合には、ストレッチングを実施するかどうかは医師と相談してください。

職場でストレッチングを実施する際に、床や地面に横になることに心理的抵抗がある場合は、作業空間、机、椅子などを活用するなどして工夫してください。

図2-11　ストレッチングの例

(3) 職場復帰時の措置支援

　腰痛は再発する可能性が高い疾病です。そのため、特に腰痛による休業者等が職場に復帰する際には、事業者は産業医等の意見を十分に尊重し、人の抱上げの作業方法の改善や福祉用具の活用の促進、作業時間の短縮など、就労上必要な措置を講じて、腰痛発生に関与する要因を職場から排除・低減し、休業者等が復帰時に抱く不安を十分に解消するよう努める必要があります。

9 労働衛生教育

　介護・看護作業では、前かがみ、中腰、腰のひねりを長く保つ作業などが頻繁に行われます。こうした作業は腰痛を引き起こす要因となります。適切な作業方法を身につけるためにも労働衛生教育を繰り返し実施することが必要です。教育の項目は次のとおりで、実施内容は受講者の経験、知識等を踏まえ、それぞれのレベルに合わせたものにする必要があります。

　労働衛生教育は、介護・看護作業等腰部に負担のかかる作業等に労働者を雇い入れる時またはこの業務への配置換えの際に確実に実施します。

　さらに、腰痛が発生した時や、腰痛の発生リスクが高まっていると考えられる作業内容・手順・設備を変更した時等も、労働衛生教育を行うようにします。

(1) 腰痛の発生状況および要因

　腰痛の発生状況、腰痛が発生している作業内容や作業場所、作業環境、腰痛の発生要因などについて教育を行うことで、腰痛についてのリスクを見抜く能力を高めるようにします。また、職場で腰痛発生の事例がある場合は、腰痛の発生状況、発生要因、予防対策を把握・検討し、その再発防止を教育します。

(2) 腰痛発生要因の特定およびリスクの見積り方法

　作業姿勢や作業方法を確認し、腰痛発生要因のリスクを洗い出すために、リスクアセスメントの実施方法を教育します。その際、職場や作業ごとにチェックリストを作成し、それを活用したリスクアセスメントを行いましょう。

(3) 腰痛発生要因の低減措置－福祉用具の使い方

　労働衛生教育の内容として、作業方法や作業環境の改善を進めるよう指導するとともに、リフト、スライディングシートなどの福祉用具の安全な使用方法を身に付けることも教育に含まれます。用具が整っていても、つい面倒だから、時間がないから、急いでいたからなどの理由から使用されないことも少なくありませんので、特に、新任時には実習を交えた使用方法についての教育を実施しましょう。また、日常的に朝

礼などのミーティングの機会をとらえて、腰痛予防対策のために機器や道具を使用することについて徹底を図りましょう。

(4) 腰痛予防体操

腰痛予防体操として、筋疲労の軽減、ケガの防止、気分転換等のために、職場にあったストレッチングの実施を教育します。職場であるいは家庭で実施上の留意点に注意して実践し、習慣化できるようにすることが教育のポイントです。特に腰部に著しく負担のかかる介護・看護作業については、定期的に教育を実施することが望まれます。

(5) 日常生活上の注意と工夫

個人のライフスタイルや生活習慣、日常生活上のちょっとした動作も、腰痛の発生に大きく影響します。これらを見直すことにより、腰痛を防ぐことができます。

歩くときや座ったときの正しい姿勢や、腰に負担の少ない日常生活上の動作を行うことが大切です。また、食事をバランスよく摂り適正な体重を維持すること、十分に睡眠と休養をとることも重要です。休日に、スポーツやレジャーを楽しみリフレッシュする場合には、油断して腰を痛めてしまうことにもなりかねませんので注意します。こうした日常生活上の注意点を取り入れて、労働衛生教育に活かしましょう。

第3章 健康の保持増進

> **学習のポイント**
>
> 労働安全衛生法では、事業者が行う、労働者の健康を管理する仕組みを定めています。また、最近は、生活習慣病ばかりでなく、ストレスにより体調を崩す人も増えており、その影響と対策について知っておくことが必要です。加えて、いざというときに仲間を救う救急措置の方法などの知識についても、この章で学習しましょう。

1 健康診断の実施とその後の対応

(1) 健康診断とは

職場における健康診断は、労働者の健康状況を把握するための基本となります。労働安全衛生法に基づき、事業者は健康診断を行う義務があり、また労働者は健康診断を受診する義務があります(安衛法第66条)。

現代は、生活習慣病といわれる脂質異常症や高血圧症、糖尿病など、脳・心臓疾患につながる所見を有する人が増えています。受診は、労働者個人にとっては、疾病の早期発見、健康意識の向上につながります。また、事業者にとっては、労働者が元気で働き続けてもらうために、医師の意見を勘案したうえで、労働者が当該作業に就いて良いか(就業の可否)、引き続き従事して良いか、などを判断するためのものです。

さらに健康診断では、労働者が常に健康に働けるよう、保健指導を行い、作業管理、あるいは作業環境管理にフィードバックしていかなくてはなりません。

事業者が実施すべき健康診断には一般健康診断と特殊健康診断があり、**表3-1**のとおりです。事業者の費用負担で行われます。なお、この特殊健康診断の実施が求められる有害な作業は法令等で定められているものと、行政の指導勧奨によるものがあります。第2章で解説した「腰痛健康診断」は、「職場における腰痛予防対策指針」に基づく行政の指導勧奨によるものです。

ア. 一般健康診断

一般健康診断には、主に**雇入時健康診断、定期健康診断、特定業務従事者の健康診断**などがあります。雇入時健康診断は、雇い入れた際の適正配置や仕事についた後の健康管理の基礎資料を得ることを目的としたものです。定期健康診断は、労働者全員について1年以内ごとに1回、定期に健康診断を実施し、労働者の所見の有無や健康状態を確認するものです。

特定業務従事者の健康診断は労働衛生上有害な業務に常時従事する労働者に実施するものです。健診項目は、定期健康診断と同じですが6カ月以内ごとに1回実施します。社会福祉施設などで介護・看護作業にあたる労働者は「重量物の取扱いなど重激な業務」に、深夜勤務がある労働者は「深夜業を含む業務」（次ページ参照）に該当しますので、特定業務従事者の健康診断を実施する必要があります。また、深夜業に従事し自分の健康に不安がある場合には、自分の判断で健康診断を受けその結果を事業者に提出することができる「自発的健康診断」の制度もあります。

一般健康診断では、異常の所見があるとされた場合、必ずしも仕事が直接の原因でなくても、仕事を引き続き行うことで、その症状が悪化することが懸念される時には、作業転換や労働時間の短縮などの配慮が必要となります。

雇入時および定期健康診断の項目については、表3-2に示すとおりです。

表3-1　健康診断の種類

	健康診断の種類	法令の根拠	実施時期
一般定期健康診断	①雇入時健康診断	労働安全衛生規則43条	雇入の際
	②定期健康診断	労働安全衛生規則44条	1年以内ごとに1回
	③特定業務従事者健康診断 深夜業を含む業務 他	労働安全衛生規則45条 労働安全衛生規則13条1項2号	配置の際、その後6カ月以内に1回
	④海外派遣労働者健康診断	労働安全衛生規則45条の2	海外に6カ月以上派遣する際 帰国後国内業務に就く際
	⑤給食従業員の検便	労働安全衛生規則47条	雇入・配置換えの際
特殊健康診断	法定　特定化学物質健康診断	特定化学物質障害予防規則39条	配置の際、その後6カ月以内に1回
	有機溶剤健康診断　他	有機溶剤中毒予防規則29条	〃
	指導勧奨によるもの　腰痛予防健康診断	職場における腰痛予防対策指針	配置の際、その後6カ月以内に1回
	VDT健康診断　他	VDT作業における労働衛生管理のためのガイドライン	〃

表3-2　雇入時および定期健康診断の項目

雇入時健康診断	定期健康診断
1　既往歴および業務歴の調査	1　既往歴および業務歴の調査
2　自覚症状および他覚症状の有無の検査	2　自覚症状および他覚症状の有無の検査
3　身長、体重、腹囲、視力および聴力の検査	3　身長(※)、体重、腹囲(※)、視力および聴力の検査
4　胸部エックス線検査	4　胸部エックス線検査(※)および喀痰検査(※)
5　血圧の測定	5　血圧の測定
6　貧血検査（血色素量および赤血球数）	6　貧血検査（血色素量及び赤血球数）(※)
7　肝機能検査（GOT、GPT、γ—GTP）	7　肝機能検査（GOT、GPT、γ—GTP）(※)
8　血中脂質検査（LDLコレステロール、HDLコレステロール、血清トリグリセライド）	8　血中脂質検査（LDLコレステロール、HDLコレステロール、血清トリグリセライド）(※)
9　血糖検査	9　血糖検査(※)
10　尿検査（尿中の糖および蛋白の有無の検査）	10　尿検査（尿中の糖および蛋白の有無の検査）
11　心電図検査	11　心電図検査(※)

※印については、それぞれの基準に基づき、医師が必要でないと認めるときは省略可。

第3章 健康の保持増進

> **まめ知識**
>
> **深夜業を含む業務とは？**
>
> 「深夜業を含む業務」とは、どのくらいの頻度で深夜に働く時間があると、該当することになるのでしょうか。
>
> 行政の判断では午後10時から午前5時までの業務が6カ月を平均して、1カ月あたり4回以上あった場合を指します。勤務時間の一部でもこの時間帯にかかる場合には「深夜業を含む」とみなされます。

イ．特殊健康診断

特殊健康診断とは、職場において健康に悪影響を及ぼす有害な因子（有害なガス、蒸気、粉じんなどの化学物質や電離・非電離放射線、騒音、振動などの物理エネルギーなど）にばく露されるおそれのある業務に従事する場合、健康障害等を早期に発見するためのものです。異常の所見があるとされた場合、さらに詳細な健康診断を行い、さらには仕事との関係で、作業環境や作業方法等に関する調査・検討を行い、業務起因性について診断します。すなわち、特殊健康診断は、労働者が当該業務に従事して良いかどうか（就業の可否）、当該業務に引き続いて従事して良いかどうかを判断することを目的として実施されます。また、健康診断は労働者の健康管理の一つの手段ではありますが、得られた結果は、労働者が常に健康で働けるよう保健指導、作業管理や作業環境管理にフィードバックされるべきものでもあります。

（2）健康診断後の対応

職場で実施された健康診断については、その結果を労働者に遅滞なく通知し、異常所見が認められた場合には、3カ月以内に医師の意見を聴き、その内容を健康診断個人票に記載します。そして、事業者は医師の意見を勘案し、その必要があると認めるときは、その労働者の実情を考慮して、就業場所の変更、作業の転換、労働時間の短縮、深夜業の回数の減少、昼間勤務への転換等の措置を講ずるほか、作業環境測定の実施、施設または設備の設置や整備、当該医師の意見の衛生委員会等への報告、その他の適切な措置を講じなければなりません。

健康診断実施後の事業者の具体的な取り組み事項は、次のとおりです。

① 健康診断結果の記録 （5年間保存）（安衛法第66条の3、安衛則第51条）
② 健康診断結果についての医師等からの意見聴取（安衛法第66条の4）
③ 健康診断実施後の措置　作業の転換、労働時間短縮等の適切な措置（安衛法第66条の5）
④ 健康診断結果の労働者への通知（安衛法第66条の6）
⑤ 健康診断結果に基づく医師や保健師による保健指導（安衛法第66条の7）
⑥ 健康診断結果の所轄労働基準監督署長への報告　（安衛法第100条）
※定期、特定業務従事者の健診結果報告書については、労働者常時50人以上、特殊健診の結果報告書については、健診を行った全ての事業者。

まめ知識

○パート・短時間労働者に健康診断を実施する？

パートタイム・短時間労働者であっても、以下①、②の条件に該当する場合は、事業者は健康診断を実施しなくてはなりません。

① 期間の定めのない労働契約により雇用され、または期間の定めのある労働契約でも1年以上（特定業務に従事する場合は、6カ月以上）である者、契約更新により1年以上雇用されることが予定されている者・雇用されている者
② 1週間の所定労働時間が、同じ事業所の同じ業務に従事する労働者にくらべて4分の3以上である者（2分の1以上であれば、一般の健康診断を実施することが望ましい。）

○派遣労働者の健康診断は？

派遣労働者については、定期健康診断などの一般健康診断については、派遣元の事業者に実施の義務があります。特殊健康診断については、派遣先の事業者が行う必要がありますので腰痛健康診断については、派遣先で行うこととなります。

健診結果の事後措置などについては、派遣先において配慮が必要となることから、本人の了承を得たうえで、派遣先事業者に医師などの意見を伝えて、改善措置などの実施が検討されます。

コラム：労働衛生統計

病気をして仕事を休んだ人の数を集計して継続的に統計をとり、職場の健康管理を進めるにあたって、活動の目標や評価の指標とします。

統計の結果をもとに、職場で起きている現象を定量的に分析し、背景にある問題点を読み取り、対応策を検討し実行します。衛生委員会等で使用する資料にもなります。

一般的な手法としての疾病休業統計では次のような指標が使われています。統計をとるにあたって、労働者の休業状況を事由別に調査することが必要です。

$$疾病休業日数率 = \frac{疾病休業延日数}{在籍労働者の延所定労働日数} \times 100$$

$$病休件数年千人率 = \frac{疾病休業件数}{在籍労働者数} \times 1,000$$

$$病休度数率 = \frac{疾病休業件数}{在籍労働者の延実労働時間数} \times 1,000,000$$

$$病休強度率 = \frac{疾病休業延日数}{在籍労働者の延実労働時間数} \times 1,000$$

2 メンタルヘルス対策

近年の労働環境の変化によって働く人のストレスは増大し、その結果、心身の健康を害してしまうケースが増えています。適度なストレスは仕事の能率を高め、やる気をもたらしますが、過剰なストレスは体調を崩す原因ともなります（図3-1）。

介護・看護職場で働く皆さんは、どの利用者に対しても同じように接することを、

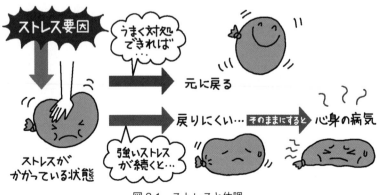

図3-1　ストレスと体調

利用者本人やその家族から期待されています。時には自分の感情を抑えて、ケアにあたることもあるでしょう。いわゆる「感情労働」の職種として、ストレスの多い仕事と言えます。また、認知症など、コミュニケーションがとりにくい利用者を相手にしたり、ときには利用者の死に接することもあるなど特有のストレス要因があります。

社会福祉施設の職場でも、仕事によるストレスによりメンタルヘルス不調となって休職したり、精神障害となるケースも発生しています。介護サービス作業従事者の精神障害による労災請求件数が増えており、こうした深刻な事態となる前に、予防的な取り組みを職場で進めるとともに、一人ひとりがストレスのセルフケアを行っていく必要があります。

厚生労働省では、「労働者の心の健康の保持増進のための指針」（平成18年3月）により、以下に示す「4つのケア」（図3-2）を中心とした事業者の行うメンタルヘルス対策の進め方を示しています。事業者は、指針に基づいて、心の健康づくり計画を作り、衛生委員会等の調査審議（第7章参照）を経て、メンタルヘルス活動を進めていく必要があります（図3-3）。

（1）4つのケア

ア．セルフケア

一人ひとりがストレスに関する知識やストレスに対処する方法を学び、実践していきます。ストレスの問題を見つけ対処し、課題を解決することをストレスコーピングといい、事業者はこれを支援します。その代表的な方法を次ページに示します。

ケアの種類	内容
○セルフケア 労働者自らが心の健康の保持増進のために行う活動	ストレスの気づき ストレスやメンタルヘルスに対する正しい理解 自発的な相談
○ラインによるケア 管理監督者が労働者の心の健康の保持増進のために行う活動	部下の不調の把握 職場環境等の把握と改善 労働者からの相談対応 産業保健スタッフとの連携
○事業場内産業保健スタッフ等によるケア 事業場内産業保健スタッフなどが労働者の心の健康保持増進のために行う活動	研修の企画・実施 職場環境等の評価・改善 セルフおよびラインケアの支援 職場復帰への支援 外部専門機関との連携
○事業場外資源によるケア 事業場外のさまざまな機関が事業場に対して、心の健康づくり対策を支援する活動	個別の相談・治療 事業場内産業保健スタッフとの連携

図3-2　メンタルヘルス対策における4つのケア

第3章
健康の保持増進

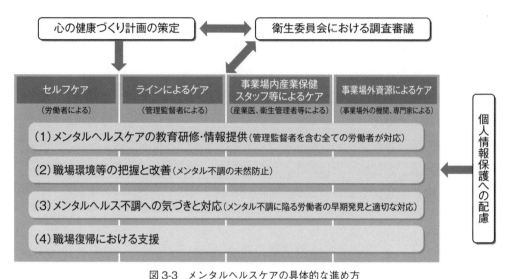

図3-3　メンタルヘルスケアの具体的な進め方

実践の知恵

自分でできるストレス対処の基本（ストレスコーピング）

1. 健康的な行動（積極的な問題解決のために）
   - 睡眠時間を確保する
   - 食事をきちんと取る
   - 軽い運動を定期的に行う
2. 自己肯定感を高める（放棄、あきらめの気分から逃れるために）
   - 楽しかったこと、うれしかったこと、ほめられたことを思い出す
   - 頑張り過ぎていないか、自分を見つめてストレスに気づく
3. 自分を癒やす（疲れや緊張を回避し、休養をとるために）
   - 自分のリラックスできる方法を実践する
   - 一息つける時間をつくる
4. 気持ちを話す（悩みや相談事を人に話をするために）
   - 日頃から自発的に会話をする習慣をつくる
   - 話題の引き出しをつくる　"きにかけていました"※
     - 🈚季節、🈁ニュース、🈎家族、🈔健康、🈂天気、🈀衣装、🈯街の話題、🈴趣味、🈳食べ物
5. 見方を変える（視野を広げて多角的な見方や考え方をするために）
   - どのようなものの見方や考え方をしているか、自分のクセを知る
   - 前向き思考で対処する
   - 周囲からのサポートを上手に受ける

※森田幸孝氏、「ひろば」2014.7月号より

イ．ラインによるケア

　職場のマネージャーやリーダーなどの管理監督者が、部下の心のケアをすることを指します。いつもと違う部下の様子に早めに気づき、相談対応を行ったり、産業医や医師、提携する相談窓口などの専門家につなぎます。また、ストレス要因を軽減するため、職場の環境改善（表3-3）を行います。

意見を出し合って改善する

表3-3　ストレス軽減のための作業環境改善の例

作業環境の改善	・整理整頓、備品や用具の整理、ラベルの表示 ・レイアウトの変更、介護スペースや安全通路の確保 ・冷暖房設備の充実、適切な温湿度管理 ・自然光と照明の組合せ、明るい壁と天井の色 ・衛生的なトイレと更衣室、快適な休憩場所の確保 ※利用者の生活スペースでもあり、調整が必要となります。
作業状況の改善	・作業姿勢の改善 ・人数の必要な作業の協力体制 ・作業負担の公平化、再配分、ローテーション ・小グループごとに権限と技術のあるリーダーを配置
人間関係	・上司、同僚に相談しやすい環境をつくる 　上司に相談する機会をつくる 　スタッフのミーティング回数を増やす ・個人の健康問題や職場の悩みを相談できる窓口をつくる

ウ．事業場内産業保健スタッフ等によるケア

　事業場内産業保健スタッフ等とは、衛生管理者、衛生推進者、産業医や人事労務管理スタッフを指します（注：衛生管理者、産業医は、労働者が50人以上の事業場、10人以上50未満の事業場の場合は衛生推進者）。衛生管理者等のこれらのスタッフは、事業場でメンタルヘルス対策を中心になって進める役割を担い、メンタルヘルス推進担当者としての養成研修等の教育を受けていることなどが望まれます。

　教育研修・情報提供の実施、労働者や管理監督者等の支援や、具体的なメンタルヘルス対策の企画立案を行います。

エ．事業場外資源によるケア

　事業場外でメンタルヘルスケアへの支援を行う機関や専門家を指し、精神科等の医療機関、相談機関等を活用し、その支援を受けます。職場以外の相談機関と契約して労働者が相談を受けられるようにしたり、治療が必要な場合には、医療機関を受診します。

（2）職場復帰支援

　メンタルヘルス不調により休職し、医学的に業務に復帰するのに問題がない程度に回復した労働者が、スムーズに職場に戻れるよう支援することも、事業者が行うメンタルヘルス対策の一つです。この職場復帰支援の方法について、休業開始から、職場復帰後のフォローアップまで以下の5つのステップの流れに沿って行うことが、厚生労働省の「心の健康問題により休業した労働者の職場復帰支援の手引き」に示されています。

```
＜第1ステップ＞　病気休業開始および休業中のケア
＜第2ステップ＞　主治医による職場復帰可能の判断
＜第3ステップ＞　職場復帰の可否の判断および職場復帰支援プランの作成
＜第4ステップ＞　最終的な職場復帰の決定
 職場復帰 
＜第5ステップ＞　職場復帰後のフォローアップ
```

（3）ストレスチェック制度

　労働安全衛生法が改正され（平成26年6月）、事業者は、労働者のストレスチェックを年に1回行うことが義務づけられることとなりました（平成27年12月施行。従業員50人未満の事業場は、当面の間は努力義務です）。メンタルヘルス対策の新たな取り組みとして、労働者のセルフケアに役立てて職場環境の改善につなげ、メンタルヘルス不調の一次予防[注]の取り組みを強化することとしています。

注：一次予防　ここでは、職場においてメンタルヘルス不調を起こすことを未然に防止する取り組みを指し、さらに二次予防（早期発見と対応）、三次予防（治療から職場復帰）の取り組みがあります。

　メンタルヘルス関連情報等の収集先と支援機関として以下のものがあります。
◎「こころの耳」　http://kokoro.mhlw.go.jp/
　国が開設しているメンタルヘルス対策のためのポータルサイト
◎「明るい職場の応援団」　http://www.no-pawahara.mhlw.go.jp/
　国が開設しているパワーハラスメント対策の予防・解決のためのポータルサイト
◎「産業保健総合支援センター　地域窓口（地域産業保健センター）」
　http://www.rofuku.go.jp/shisetsu/tabid/578/Default.aspx

3 長時間労働（過重労働による健康障害の防止）

　過重労働による脳・心臓疾患の発症は、本人やその家族はもとより、職場にとっても重大な問題であり、社会的にも「過労死」などとして大きな問題となっています。近年、長時間労働や精神的緊張を伴う業務は、疲労の蓄積によって血圧の上昇などを生じさせ、脳・心臓疾患の発症との関連性が強いという医学的知見が得られており、長期間の過重業務による脳・心臓疾患の発症が労災と認定される件数も増えています。

　また、平成26年には過労死を防止し、仕事と生活を両立させ、健康で働き続けることのできる社会の実現を目的とした「過労死等防止対策推進法」が施行されました。国や地方公共団体が実施する過労死等を防止するための対策に、事業主は協力するよう努めなければなりません。

（1）法律に定められた事業者の対策

　業務による脳・心臓疾患の発症を防止するためには、疲労回復のための十分な睡眠時間または休息時間が確保できないような長時間にわたる過重労働をなくし、疲労が蓄積されるおそれがある場合は、健康管理対策を強化することが必要です。

　労働安全衛生法では、長時間にわたる時間外・休日労働を行った労働者に対する対策として、事業者は、1週間当たり40時間を超える労働時間が1カ月当たり100時間を超え、疲労の蓄積が認められる労働者に対し、その申出により医師による面接指導を行うとともに、その結果を記録し、必要な措置について医師の意見を聴き、それに応じた適切な措置を講じなければならないことになっています。

（2）事業者と労働者が行うこと

　長時間の残業や休日出勤の削減は、労働者だけの努力で対処できるものではありません。事業者と労働者が、過重労働を解決するという共通認識をもって取り組まなくては、改善の方向に向かってはいきません。業務を効率化したり、職場のコミュニケーションを円滑にして年次有給休暇をとりやすい雰囲気の職場にするなどの対策のほか、労働者も自分の働き方を見つめ直すなど、労働者自身が取り組み始められることもあります。

　また、限られた時間内でも睡眠の質が高められるように工夫し、忙しさを理由にして、生活習慣病の予防や治療などの健康管理をおろそかにしないようにしましょう。

※「労働者の疲労蓄積度自己診断チェックリスト」を活用する　→　69ページ参照

4 夜　勤

　夜勤は、介護・看護職場において、不可欠な勤務形態です。人間は生まれながらにして、「昼活動し、夜休息する」というリズムが備わっています。夜間に働くことは、このようなリズムと異なった活動をすることになるため、適切な対策が必要です。

（1）事業者の取り組み

　事業者は、人員配置も含めて適切な労働時間管理を行い、休日の確保や超過勤務の削減、長時間労働の改善などにより、夜勤をする人の労働時間全体を見直しましょう。また、休憩や仮眠の確保も重要なポイントです。事業者は、常時50人以上または常時女性30人以上の労働者を使用するときは、労働者が、横になることのできる休養室または休養所を、男性用と女性用に区別して設けなければなりません。

　また、夜間に労働者に睡眠を与える必要のあるとき、または労働者が就業の途中に仮眠することのできる機会があるときは、適当な睡眠または仮眠の場所を、男性用と女性用に区別して設けなければなりません。

　さらに、労働者が有効に利用することができる休憩の設備を設けるように努める必要があります。

図3-4　仮眠室

（2）労働者自身の健康管理

　労働者自身も夜勤の負担を軽減する知識を持ち、職業生活を維持するために取り入れていく必要があります。適度な運動、バランスのよい食事、睡眠の質などに気をつけて、日ごろから健康管理に努め、疲労を残さず健康に働くために、生活面でのさまざまな工夫を実践しましょう。

ア．夜勤前の過ごし方

　不規則な起床・睡眠となることから、普段から質の良い睡眠をとるよう心がけま

しょう。夜勤前の寝だめはできません。また、1日3回の規則正しいバランスの取れた食事をすることを習慣にします。また、適度な運動は、身体が活性化され、次のシフトに入ることが容易になります。勤務前に、20分程度の有酸素運動を行えばよいといわれています。

イ．夜勤中の過ごし方

深夜3時～早朝6時ごろがもっとも眠気を感じる時間だといわれています。重要な仕事や、細かな注意が必要な仕事など業務の配分や、やり方を工夫します。

食事は、出勤前に済ませていれば、無理にとる必要はありません。ただし、水分は十分にとるよう心がけます。空腹を感じたときは、一度にたくさん食べると、眠気が起こりやすくなるので、消化の良いものを何回かに分けて摂るようにしましょう。

実践の知恵

眠気を払うための方法

・ストレッチなどをしてからだを軽く動かす。
・手や顔を冷たい水で洗う。
・明るい部屋に行く。

ウ．夜勤明けのすごし方

帰宅後は、できるだけ早く睡眠をとり、日中は普通に生活をしましょう。日中に睡眠をとりたいときは、帰宅時に濃いサングラスなどをかけ、睡眠をとる際も、寝室も遮光カーテンなどで光を遮ります。昼間に活動する生活に戻したいときは、朝に太陽の光をたっぷり浴びるようにしましょう。

また、夜勤明けに車を運転して帰宅する場合は、判断力が鈍り、反応時間が遅くなっていますので、十分に注意しましょう。疲労がたまっていたり、眠気を感じているときの運転は特に危険です。無理をせず、仮眠をとって帰るか、公共交通機関等の利用を考えましょう。

参考文献：「看護職の夜勤・交代勤務に関するガイドライン」（公益社団法人　日本看護協会）平成25年
　　　　　「交替制勤務の生活ガイド」（中央労働災害防止協会）　平成21年

第3章 健康の保持増進

5 感染症対策

　社会福祉施設などは、感染症に対する抵抗力が弱い高齢者などの利用者が集団で生活をしたり治療を受ける場です。感染症対策については、予防する体制を整備して日ごろから対策を実施するとともに、感染症発生時には、感染の拡大防止のために適切な対応をとる必要があります。

　介護・看護にあたる労働者は、感染症に対する正しい知識を得て、施設内で感染を拡大させないよう介護・看護のケアにあたることはもちろんのこと、自身が感染して媒介させないよう、日ごろから留意する必要があります。

(1) 感染症の基礎知識

　感染症に対する対策として、①感染源の排除、②感性経路の遮断、③宿主（ヒト）の抵抗力の向上があげられます。感染症の原因となる微生物を含んでいるものを感染源といい、①嘔吐物、排泄物、②血液、体液、分泌物、③これらの感染源が付着している使用済みの器具・機材などがあります。

　感染経路には、①接触感染、②飛沫感染、③空気感染、④針刺しなどによる血液媒介感染などがあり（表3-4）、これらの経路を断つ必要があります。感染源を施設内に①持ち込まない、②持ち出さない、③広げないことがポイントです。

表3-4　主な感染経路と原因微生物

感染経路	特徴	主な原因微生物
接触感染 （経口感染を含む）	●手指・食品・器具を介して伝播する頻度の高い伝播経路である。	ノロウイルス 腸管出血性大腸菌 メチシリン耐性黄色ブドウ球菌（MRSA）、緑膿菌　など
飛沫感染	●咳、くしゃみ、会話などで、飛沫粒子（5μm以上）により伝播する。 ●1m以内に床に落下し、空中を浮遊し続けることはない。	インフルエンザウイルス ムンプスウイルス 風しんウイルス レジオネラ属菌　など
空気感染	●咳、くしゃみなどで、飛沫核（5μm以下）により伝播する。 ●空中に浮遊し、空気の流れにより飛散する。	結核菌 麻しんウイルス 水痘ウイルス　など
血液媒介感染	●病原体に汚染された血液や体液、分泌物が、針刺し事故等により体内に入ることにより感染する。	B型肝炎ウイルス C型肝炎ウイルス ヒト免疫不全ウイルス（HIV）　など

出典：「高齢者介護施設における感染対策マニュアル」（厚生労働省）平成25年

(2) 介護・看護労働者の感染対策

ア．介護・看護にあたっての感染対策

　介護・看護にあたり、感染を予防するためには「1ケア・1手洗い」の徹底が基

時計や指輪をはずしたのを確認する　ひじから下を水でぬらす　手洗い石けんをつけて　よく泡立てる　《手洗いミスの発生部位》

    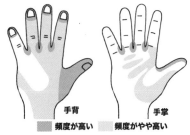

手のひらと甲（5回程度）　指の間、付け根（5回程度）　親指洗い（5回程度）　指先（5回程度）

手首（5回程度）腕・ひじまで洗う　水で十分にすすぎ　ペーパータオルでふく（手指乾燥機で乾燥する）タオル等の共用はしないこと　蛇口栓にペーパータオルをかぶせて栓を締める

手背　頻度が高い　手掌　頻度がやや高い

病院感染防止マニュアル（日本環境感染学会:2001）

図 3-5　感染を防ぐ手洗いの方法

本です。感染の予防は、「手洗いに始まって手洗いに終わる」と言われるほど、手洗いが重要です。

　血液や体液、嘔吐物、排泄物などを扱うときは、不浸透性の手袋やマスクを着用します。必要に応じて、ゴーグル、エプロン、ガウン等を着用します。手袋を外したときは、必ず液体石けんと流水により手洗いをします。汚染した手袋を着用したまま他のケアを続けたり、別の利用者のケアを行うことは絶対にしてはいけません。

イ．労働者の健康管理

　労働者は、施設の入所者に比べ、外部との接触が多いことから、病原体を職場に持ち込む可能性が高いことを認識しなくてはなりません。感染症の症状を呈した場合には、管理者に申し出て、早めに診断を受けて療養し、完治するまで休業します。

　また、ワクチンで予防可能な疾患については、その有効性や副反応の可能性等を十分理解したうえで、なるべく予防接種を受けましょう。

表 3-5　接種が望まれるワクチン

インフルエンザ	毎年必ず接種
B 型肝炎	採用時に接種
麻しん、風しん、水痘、流行性耳下腺炎（おたふくかぜ）	これまで罹患したことがなく、予防接種を受けていない場合採用時に接種

(3) 職場内の感染症対策

ア．施設内の清掃

施設内を清潔に保つことが必要です。整理整頓を心がけ、原則、各所１回のモップや雑巾による拭き掃除を行い、換気します。床に血液、分泌物、嘔吐物、排泄物が付着した場合は、不浸透性の手袋を着用し、「次亜塩素酸ナトリウム」などで払拭後、清掃をし、乾燥させます。トイレ、浴室など特に丁寧に清掃を行う必要のある場所の清掃・消毒については、作業手順をルール化し遵守しましょう。

イ．体制づくり

施設の全体の管理としては、感染症の発生や発生時の感染拡大を防止するため、例えば「感染対策委員会」を設置しましょう。委員会では、方針・計画を定め実践する、決定事項や具体的対策を全体に周知するための窓口となる、マニュアル等の作成や手直し、労働者への啓発研修の企画・実施、感染症発生時への対応を指揮します。また、日ごろから、感染症の発生に関する地域での流行状況などの情報の収集を行い、事前の対策に役立てます。

◎インフルエンザ総合対策ホームページ
　http://www.mhlw.go.jp/bunya/kenkou/influenza/
◎国立感染症研究所感染情報センター　http://www.nih.go.jp/niid/ja/from-idsc.html
◎厚生労働省ホームページ　http://www.mhlw.go.jp/

参考文献：「高齢者介護施設における感染対策マニュアル」（厚生労働省）平成25年

まめ知識

ノロウイルス

ノロウイルスは　冬季に多く発生し、手指や食品を介して経口感染し、嘔吐、下痢、腹痛、発熱などの症状を引き起こします。感染力が強く、少量のウイルスに感染しただけでも発症します。カキなどの２枚貝を生や加熱不十分な状態で食べたり、ウイルスで汚染された食品を口にすることで感染しますが、感染者の便や嘔吐物に多量のウイルスが含まれるため、共同生活施設内で集団感染する例もあります。介護・看護の職場で、警戒しなくてはならない感染症の一つです。利用者の便や嘔吐物を処理する際は、不浸透性の手袋、マスクを着用します。アルコール消毒は効果が弱いため、液体石けんによる手洗いが基本です。便や嘔吐物が付着した床などは、次亜塩素酸ナトリウムの消毒薬で拭き取ります。

6 高年齢労働者の安全と健康

(1) 加齢による心身の変化と作業への影響

急速に進む高齢化に伴い、高年齢労働者も増えています。今後は、高年齢労働者の割合がさらに増加することが予想されます。

人間誰もが加齢により、心身の機能が変化し、それにともなって、労働災害発生のリスクが高まることは否定できません。これからの時代は、高年齢者にとっても働きやすく、安全に配慮された職場づくりを目指す必要があります。また、労働者一人ひとりが加齢による身体機能の変化と働き方への影響を知り、体力の維持・向上に努めましょう。

表3-6 主な心身の変化による作業への影響とその対策

	作業への影響	対策
筋力のおとろえ	一般的に30歳前後から、筋肉量が減少し、特に脚、股関節の筋肉が低下する。歩幅が狭くなる。 ごくわずかな段差につまずいたり、滑って、転倒しやすくなる。 腰痛が増え、腰に負担のかかる作業がつらくなる。	床面の凹凸、段差、傾斜をなくす。 段差があるところは分かりやすく表示する。 階段に手すり、すべり止めをつける。 作業負担が軽くなるよう、福祉用具を導入する等（詳しくは第2章）。
視力・聴力のおとろえ	老眼が進む。 動体視力がおとろえ、左右の視野が狭まる。ピントがあわせにくくなり、動きながら物を見たり、左右から来るものや人に気づきにくくなる。 明るさの変化に慣れるのに時間がかかる。 高い音が聞こえにくくなる。	表示は見やすく、はっきりとした色使いとする。 通路や、階段を明るくする。 警告音は聞き取りやすい低い音とし、必要に応じて、視覚にも訴える。
記憶力と判断力のおとろえ	体を動かして覚えた技能などは忘れにくいが、身の周りに起こった最近の出来事などは忘れやすい。 情報を受けて、脳内で瞬時に行う反応や判断が遅くなる。	重要な連絡事項や、危険を防ぐポイントは、掲示をしたり、繰り返し朝礼などで確認したり工夫する。
心と気持ちの変化	これまでの経験にとらわれて、状況に応じた判断を見誤り、危険を招くことがある。 身体の機能のおとろえに気づかず、実際には思うように体が動かない。	心身の変化を謙虚に受け止める。 異なる世代間でペアを組む。 年齢、経験等に応じて作業分担を行う。

(2) 長く健康で働き続けるための心とからだの健康づくり

長く、健康で働き続けるには、食事、運動、睡眠の健康的な生活習慣を持つことが大切です。若いときから心がけるほうが、生活習慣病の心配をせず、より長く、健康でいられますが、高年齢者となってから意識して取り組んでも十分に効果は得られます。生涯にわたって健康に不安がなく働き続けられるよう、日ごろから心とからだの健康づくりを意識して、生活を見直しましょう。

実践の知恵

運動機能の低下を防ぐプログラム

① からだをほぐすストレッチング

　ストレスが多い現代では、緊張が続くと首、肩、背中、腰などに凝りを感じてきます。吐く息を意識しながら、気持ちよく伸びをする動作を心がけることで、からだの緊張がゆるみ気持ちもほぐれます。からだをリラックスさせて柔軟性を保つことで、いつまでも若々しくいられます。気持ちよく伸ばすことがポイントで、痛みを感じるまで無理やり伸ばさないように注意して行いましょう。

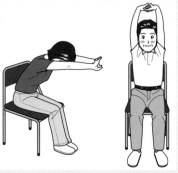

図3-6　座ってできるストレッチング

② 筋力を維持するための運動

　姿勢を保ち、動き続けられるからだを維持するためには、筋力が必要です。下半身には、大きな筋肉がありからだを支えています。「老化は足から」と言われるように、運動不足になると上半身に比べ、下半身の筋肉が細くなり歩幅も狭くなります。下半身を中心に筋力を維持するエクササイズを行いましょう。動作をする時に、使われている筋肉部位に意識を向けて行うことが安全に行うことにつがなり、効果的でもあります。

- 太ももやお尻の筋肉を鍛える。
- 膝がつま先よりも前に出ないこと。
- 筋力の弱い方は腕を頭の後ろに置くよりも、胸の前に置く方が、後ろへの転倒を防げる。
- 視線を前にし、椅子に座るようなつもりで、ゆっくりと腰を落とし、ゆっくりと元の姿勢に戻る。

図3-7　スクワット

- ふくらはぎを鍛える。
- 椅子やテーブルなどに軽くつかまり、かかとをゆっくりと上げ、ゆっくりと下げる。
- 左右に姿勢が傾かないように正面を向いて行う。

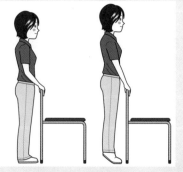

図3-8　足の上げ下げ

③ 身体活動を増やす

　からだを動かすことは、スポーツなどの運動をするだけではなく、生活活動を増やすことで身体活動を増やすことにつながります。掃き掃除、床みがき、窓ふき、階段を使って移動、歩いて買い物、遠回りして帰宅、ゴミ拾いなどのボランティア活動など色々な活動が考えられます。こまめにからだを使い、ゴロゴロと寝転んだものぐさな生活を続けないようにしましょう。

　家族や地域の方たちとのつながりを多くすることも、思いもかけず身体活動を増やすきっかけとなります。また、人間関係が作られコミュニケーションが図れることにもなり、明るく楽しい時間を過ごすことにもつながるでしょう。

　運動機能の低下を防ぐプログラムを実践することが、心もからだも元気に働き続ける土台をつくり、働きがいのある充実した労働生活を過ごすことができるでしょう。

洗車も立派な運動

エスカレーターより階段を

図3-9　日常生活を活発に

参考文献：「高年齢者に配慮した交通労働災害防止の手引き」（厚生労働省）平成24年
　　　　　「高年齢労働者に配慮した職場環境改善マニュアル～チェックリストと職場改善事項」
　　　　　（厚生労働省）平成21年

7 労働生理（疲労、睡眠、栄養について）

（1）労働と疲労

　私たちは毎日職場で働いたり、家庭で家事をしたりしていますが、その結果として、いろいろな生理上の変化がからだに起こってきます。この変化の程度が通常の範囲を超えたとき、私たちは、それを疲れ（疲労）と感じます。

　一般に疲労とは、
① 　疲れの自覚があること
② 　からだの状態、特に機能に不調をきたしてくること
③ 　仕事の能率が低下すること
の３つを伴うものとされています。

　問題となる疲労は、作業環境、作業方法、労働時間などにより、労働者の心身の働きにひずみが生じ、作業能力が減退した状態です。疲労をためないためには、作業環境や作業の方法を見直したり、働く人個人が、正しい知識をもって疲れをとる工夫を生活の中で行っていくことが大切です。

ア．疲労はなぜ起こる？

　ところで、疲労はどうして起こるのでしょうか。第一は、労働と睡眠、生活の時間配分の極端なアンバランスが考えられます。残業時間が長すぎたり、通勤時間が長かったり夜ふかしなどをすると、必然的に睡眠時間が短くなり、疲れが回復できません。

　第二は、仕事の密度が高いことです。労働の量と質が、その労働者の身体条件に対して過重である場合に、疲労が起こります。

　第三は、休養の問題です。ヒトが能率よく継続できる一連続作業時間の限界というものは決まっています。それを超えると能率は低下し、疲労がたまりはじめます。したがって、一連続作業時間は、一定時間以下にすることが望ましいのです。作業時間の間に休憩時間を設けます。

　第四は、睡眠により疲労が十分回復したかどうかです。疲れがとれ、また元気な状態で働けるようになるは、睡眠が最も重要です。睡眠が不足すると、疲労を十分回復することができず、翌日へ持ち越され蓄積していきます。

まめ知識

労働者の疲労蓄積度自己診断チェックリスト

労働者自身が疲労の蓄積度についてセルフチェックするためのツールとして「労働者の疲労蓄積度自己診断チェックリスト」があります。下記ホームページで、疲労蓄積度を判定できます。　→　http://www.jisha.or.jp/web_chk/td/

イ．疲れをためない働き方

疲労の予防には、次のような対策が考えられます。

ポイント

① 個人の作業能力や身体条件に合うように、作業量を決める。労働負担（作業強度）をかけすぎない。
② VDT作業などの同一姿勢を長く保持するような静的作業は、体の部分的な疲労をまねきやすく、できるだけ動的作業も入れるように作業方法を工夫する。
③ ムダな作業動作を少なくして、エネルギーの消耗を防ぐ。
④ 労働時間を適正なものとし、長時間労働を避ける。
⑤ 勤務の途中に必ず休憩時間を設ける。
⑥ 食事には、十分に時間をかける。
⑦ 交替制勤務の場合は、負担を考慮した勤務体制を決める。
⑧ 夜間労働（夜勤）は、昼間労働とは生理的に異なる状態下で行われることを念頭におき、仮眠をとりやすいよう工夫をする。
⑨ 作業環境を良好に維持する。
⑩ 勤務時間中に適宜簡単な体操を行う。
⑪ 十分な休養や睡眠がとれるよう1日の生活時間の配分を考える。
⑫ スポーツやレクリエーションをとり入れ、職場内で交流の機会を持つ。

ウ．疲労を回復する

疲労の回復には、十分な休憩や睡眠が基本ですが、さらに次のような方法も考えられます。

> **ポイント**
>
> ～効率よく疲労を回復するため～
> ① 労働に必要な栄養を量や質に注意してとる。
> ② 軽い運動や入浴、マッサージによって血行をよくする。筋肉に蓄積した老廃物を排出し、疲労回復に役立ちます。
> ③ 自分に合った休日、余暇の過ごし方を工夫し、気分転換を図るよう実践する。

(2) 睡眠

　質の良い睡眠をとることは、脳とからだを休めるだけでなく、心の健康にも深くかかわってきます。現代社会は、十分に睡眠をとれていない人々が少なくありません。必要な睡眠時間は個人差もあり、年代によっても短くなる傾向にありますが、6時間以上8時間未満程度が適当といわれています。「若いから」、「健康であるから」といって慢性的に睡眠不足の状態を続けていると、効率が上がらないばかりか、仕事中の注意力が低下してミスをしたり、いつのまにか心身の健康を害してしまったりするなど、深刻な事態になりかねません。睡眠についての正しい知識をもとに生活を見直し、質の良い睡眠によって1日の疲れをとり、明日へのエネルギーを回復しましょう。

> **ポイント**
>
> ～質の良い睡眠をとるために～
> ① 朝食をしっかり食べ、朝日を浴びる。
> ② 就寝時刻と起床時刻をふだんから一定にしておく。休日に寝だめをしない。
> ③ 日中は適度に体を動かし、活動する。
> ④ 睡眠不足の場合は、昼休みなどに15～20分の短い昼寝でリフレッシュ。
> ⑤ 寝る直前の激しい運動はさけ、夜食はとらない。
> ⑥ 夕食後、カフェインを含むお茶、コーヒーなどを控える。
> ⑦ 就寝前には、テレビ・パソコン・スマートフォンなどの液晶画面を見すぎない。
> ⑧ 自然に眠くなってから寝床に就く。
> ⑨ 外部からの刺激（騒音、照明など）を遮断し、よく眠れる環境を整える。
> ⑩ 寝酒はしない。睡眠薬がわりの寝酒は、アルコール依存症のリスクを高める。
> ⑪ 睡眠薬の服用は、医師の指示に従う。

> **コラム：睡眠障害について**

　睡眠の改善をこころみても、なかなか寝付けない、眠りが浅い、十分眠っても日中の眠気が強いときは、要注意です。睡眠障害に心やからだの病気が隠れている場合がありますので、早めに医師に相談しましょう。

　睡眠障害で最も多いのが不眠症です。必要な睡眠が量的にも質的にも不足し、そのために日中の活動に支障があり、本人も悩んでいる状態を言います。原因は、ストレスや身体疾患などさまざまです。そのほか、睡眠時無呼吸症候群、過眠症、むずむず脚症候群といった病気があります。

(3) 栄養

ア．人と食べもの

　人が生きていくうえで必要な食物の中に含まれている成分を「栄養素」と言います。説明を分かりやすくするために、人間を機械に例えてみましょう。自動車は、ガソリンが燃焼し、エンジンを動かすことによって走ります。つまり、ガソリンが燃焼によって熱エネルギーに変わり、さらに、エンジンを動かすことによって機械のエネルギーとなり、自動車は走るのです。このガソリンと同じ働きをするもの、つまり、人のからだの中で燃焼して、熱や力になる成分を「熱量素」と言います。食物中に含まれる炭水化物、タンパク質、脂質がこれです。

　また、機械が円滑に動くためには、金属がすれ合う箇所に潤滑油が必要です。食物の中に含まれる無機質やビタミンは、人のからだにとって潤滑油の働きをします。さらに、機械が動いていれば、長い間には摩滅や破損が生じます。そこで、こうした破損箇所を補修するための材料を常に備えておくことも必要でしょう。また、これは機械にはないことですが、人は成長します。そしてそのためには、いろいろな材料が必要です。そうした材料、つまり、筋肉をつくったり、血液をつくったり、骨を強くするためには、タンパク質、無機質、特にカルシウム、鉄やりんが必要となります。

　これらのいろいろな成分、すなわち、炭水化物、タンパク質、脂質、無機質、ビタミンは、みな多かれ少なかれ食物の中に含まれていますが、食物の種類によって、それぞれ含まれる量は異なっていますので、食物の種類が偏っている場合には、私たちのからだに必要な栄養素が不足して、からだが故障してしまいます。ガソリンが切れればエンジンは止まってしまうでしょうし、潤滑油が切れれば機械は焼き付

いてしまうでしょう。補修材料が間に合わないまま無理な運転をしていれば、やがて手のつけようがない故障が起こってしまうでしょう。健康を保っていくためには、食物（栄養）の摂り方を工夫することが非常に大切です。

イ．からだをつくる栄養素

　私たちのからだを形づくる筋肉や臓器、皮膚、毛髪、爪、骨、血液などの細胞には寿命があり、常に新しい細胞と置きかえられています。そのために必要な栄養は食物としてつねに補っていかなければなりません。また、発育期には、それに加えて成長のために必要な栄養も摂らなければなりません。この働きをするものが、タンパク質と無機質です。

❶　タンパク質

　　人体を構成する筋肉をはじめ、皮膚、毛髪、爪、臓器などからだのあらゆる部分をつくる素材として必要なものです。

❷　無機質

・カルシウム：骨、歯などをつくるのに重要です。牛乳、チーズ、卵黄、大豆、小魚の骨などに多く含まれています。カルシウムは不足しやすい栄養素ですので積極的に摂るようにしましょう。

・　鉄　　　：米ぬか、野菜、卵黄に多く含まれています。鉄は、赤血球に含まれるヘモグロビンをつくるのに必要で、不足すれば貧血の原因となります。

・ヨード　　：海草に多く含まれています。ヨードは、甲状腺ホルモンをつくるのに必要で、欠乏すると甲状腺機能の低下が起こります。

・食　　塩　：種々の生理機能を円滑に保つ働きをします。高温作業では発汗のため多量の塩分が失われ、それが原因となって熱中症が起こることもあるので水分とともに塩分も補給する必要があります。一方、摂りすぎると、高血圧をもたらすといわれており、過剰摂取にならないよう、気をつけることも必要です。

8 救急処置

　職場で事故や災害があり、被災者の救急処置を行うときは、よくその状態や環境を認識して、冷静沈着に、順序正しく、迅速に処置し、被災者に安心感、信頼感を持たせるよう行わなければなりません。まず、被災者に一番楽な姿勢をとらせることが必要です。少なくとも軽症であることが確認されるまでは、頭とからだを水平にして寝かせておきます。顔が紅潮していれば、頭を少し上げ、そう白のときは頭を少し下げます。嘔吐があれば、寝かせたまま顔を横に向けさせて吐かせ、吐物や血液が気管の中に入って窒息するのを防ぎます。

(1) 一次救命処置

　傷病者が正常な呼吸をしていないときは、胸骨圧迫や人工呼吸、AED（自動体外式除細動器）による除細動（電気ショック）等を行うとともに医師の診察を速やかに受けることが必要です（図3-10）。119番通報し、救急搬送を要請します。なお、人工呼吸の実施がためらわれる場合は人工呼吸を省いてもかまいません。

　また、負傷の程度や病状を見極めるまでは、傷病者のからだをゆり動かしたり、運んではいけません。傷病者のショックを防ぐためには、保温に注意することが必要です。寒いときは保温に努めますが、保温の限度は患者の自然の体温を保つ程度であって、それ以上に暖めてはいけません。さらに、意識不明のとき、腹部に重傷があるとき、吐血しているとき、早く医師による手当を受ける必要があると思われるときには、飲物等を決して与えてはいけません。

　医師による手当を受ける必要があるときは、医師や救急車への連絡を速やかに行い、次のことをはっきり知らせることが必要です。

❶ 現在地、道順、目標物
❷ 事故の種類、程度
❸ 現地で間に合う衛生材料等
❹ 現在実施している手当

なお、日頃から、次のようなことに注意する必要があります。

❶ 救急用具のある場所を明示しておくこと。
❷ 定期的にAED等の救急用具の内容を把握し、常に点検・整備しておくこと。
❸ 被災者を送る医療機関の連絡先を確認しておくこと。

第3章
健康の保持増進

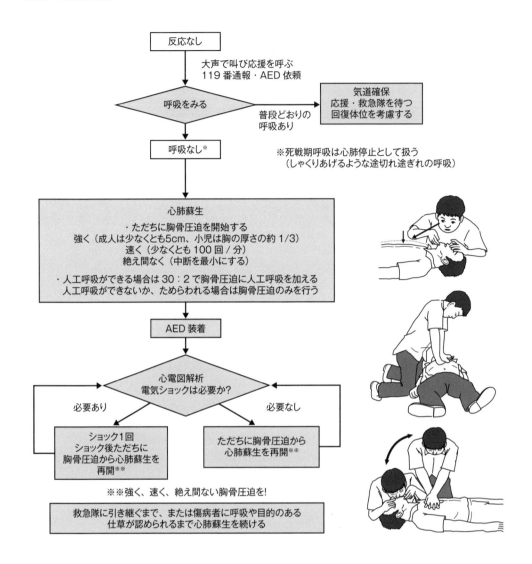

図 3-10　一次救命処置の手順

(2) 気道異物の除去

　食事中に食べ物を詰まらすなど、気道に異物が詰まると、窒息により死に至ることも少なくありません。窒息を予防することが第一ですが、万一の場合は、下記の方法により異物除去を行います。強い咳により異物が排泄される場合があるため、注意深く見守り、咳ができない、弱い咳の場合は、窒息と判断し、119番通報するとともに、次のような処置をとります。

ア．反応がある場合（呼びかけに応じることができる場合）

　「腹部突き上げ法」または、「背部叩打法」による異物除去を試みます。状況に応じてやりやすい方を実施し、1つの方法を数度繰り返して効果がなければ、もう一方を試みて、異物が取れるか反応がなくなるまで続けます。妊婦や高度な肥満者、

乳児には腹部突き上げ法は行いません。

❶　腹部突き上げ法

　　傷病者の後ろにまわり、ウエスト付近に手を回します。一方の手でへその位置を確認し、もう一方の手で握りこぶしを作って親指側を傷病者のへその上方でみぞおちより下方に当てます。へそを確認した手で握りこぶしを握り、すばやく手前上方に向かって圧迫するように突き上げます。

　　腹部突き上げ法は、腹部の内臓をいためる可能性があるため、実施した場合は、救急隊に伝えるか、医師の診察を必ず受けさせます。

❷　背部叩打法

　　立って、または座った状態で、傷病者の後方から手のひらの基部で左右の肩甲骨の中間辺りを力強くたたきます。

イ．反応がなくなった場合

　　傷病者がぐったりして、反応がなくなった場合は、心配蘇生の手順を開始します。口中に異物が見えた場合は、それを取り除き、やみくもに口の中に指を入れて探らないようにし、異物を探すために胸骨圧迫の手順を長く中断しないようにします。

(3) 救急資材の準備

　事業者は、負傷病者の手当てに必要な救急用具と救急材料を備え、その備え付け場所、使用方法を労働者に周知する必要があります。これらは常時清潔に保ちます。

引用・参考文献：
日本版救急蘇生ガイドライン策定小委員会「改訂4版救急蘇生法の指針2010（市民用）」（ヘルス出版）
平成23年

第3章 健康の保持増進

> **コラム：働く人の心とからだの健康づくり**

　厚生労働省では、「事業場における労働者の健康保持増進のための指針」を策定し、THP（トータル・ヘルスプロモーション・プラン）として、働く人の心とからだの健康づくりを推進しています（下記図）。THP は幅広く働く人々全員を対象とし、運動や食事などの生活習慣のほか、メンタルヘルスケアを含めた健康指導を実施するものです。

　一方、「高齢者の医療の確保に関する法律」に基づく特定健康診査・特定保健指導では、医療保険者の義務として、40～70歳の被保険者・被扶養者のうち、生活習慣病のハイリスク者に対し、食生活の改善指導、および運動指導が実施されています。

　生活習慣病を予防するには、個人の生活習慣を見直し、若い頃から継続的で計画的な健康づくりを進めることが大切です。事業者は、特定健康診査・特定保健指導を行う医療保険者と連携して、労働生活の全期間を通じて、計画的に労働者の健康対策を実施することが求められます。

健康保持増進計画
↓
健康測定（全ての労働者）
・問診
・生活状況調査
・診察
・医学的検査（形態、循環機能、血液、尿、その他）⇒下線の項目は健康診断で代替可能
・運動機能検査（筋力、筋持久力、柔軟性、俊敏性、平衡性、全身持久性）⇒必要に応じて実施
・運動等指導票の作成（スタッフの指示）

《第1段階の指導》
↓
労働者自身の健康状況に応じた全面的な指導
（実施者：産業医等）

《第2段階の指導》

運動指導	保健指導	メンタルヘルスケア	栄養指導
運動指導担当者 ○運動指導プログラムの作成（健康的な生活習慣を確立するための視点） 運動実践担当者 ○運動実践のための指導	産業保健指導担当者 ○勤務形態生活習慣に配慮した健康的な生活指導・教育（睡眠、喫煙、飲酒、口腔保健、その他）	心理相談担当者 ○メンタルヘルスケアの実施 ・ストレスに対する気づきの援助 ・リラクセーションの指導 ・良好な職場の雰囲気づくり（相談しやすい環境等）	産業栄養指導担当者 ○食習慣・食行動の評価とその改善の指導

↓
評　価

健康保持増進の内容

コラム：快適な職場環境の形成

(1) 快適職場指針

労働安全衛生法第71条の2では、事業者は快適な職場環境を形成するように努めなければならないとして、その具体的な措置を示した「事業者が講ずべき快適な職場環境の形成のための措置に関する指針」（以下、快適職場指針）を公表しています。

快適職場指針では、仕事による疲労やストレスを感じることの少ない、働きやすい職場づくりを目的として、①快適な職場環境の形成についての目標に関する事項、②事業者が講ずべき措置の内容に関する事項、③当該措置の実施に関し考慮すべき事項が定められています。

快適職場指針では、「快適職場づくり」を事業場の自主的な安全衛生活動の一環として位置付け、職場の快適化を安全衛生委員会等で十分に検討して具体化すべきことを定めています。

◎快適化を図る事項
- 作業環境の管理
- 作業方法の改善
- 疲労の回復を図るための施設・整備の設置
- トイレ・設備等の施設の維持管理

(2) 職場環境のソフト面（心理的・制度的側面）の快適化

職場が快適であるためには、作業環境、作業方法等のハード面の快適化はもちろんのこと、職場の人間関係や仕事のやりがい等の職場環境のソフト面における課題を早期に発見し対応することによって、人々はより快適に働くことができます。

そこで、職場環境のソフト面の現状や課題を的確に把握し、改善に役立てるための調査票「快適職場調査（ソフト面）」が国により開発されました。

快適職場調査（ソフト面）は、従業員と管理者（人事・労務担当者、ライン管理者など）が、35問の簡単な質問票にそれぞれ回答し、結果を集計することにより、職場環境面のソフト面の7つの領域について、従業員側の意識と管理者（事業場）側の意識およびその違いを調べ把握できるようになっています。これにより、人事労務管理、キャリア形成・開発、メンタルヘルスなど職場のソフト面のさまざまな問題を見つけ、改善に結び付けることが可能となります。

快適職場調査（ソフト面）下記のHPから、利用できます。

（参照 http://www.jaish.gr.jp/user/anzen/sho/sho_07.html）

第4章 事故やケガを防ぐための安全対策

> **学習のポイント**
>
> 皆さんが安全にケガをせず働くためには、職場の点検を行い、改善を行っていく必要があります。そのための点検の目の付けどころ、危険な箇所の改善のポイントについて解説します。また、こうした安全な状態を継続していくためには、職場の皆さん、一人ひとりの取り組みが大切です。多くの事業場で実施され災害防止に効果を上げている危険予知活動や4S活動などの安全衛生活動をご紹介します。

1 安全衛生点検の実施

　職場の安全衛生点検は、安全衛生上の問題点の有無を把握し、改善していくために行うものです。また、それは作業者の皆さんだけでなく、利用者の安全にもつながることになります。

(1) 安全衛生点検の方法

ア．安全衛生点検表を作ろう

　点検時の見落とし等をなくすために、点検表を作ります。点検表は作業環境、設備の安全、作業行動および防火対策等に分けて、それぞれ必要な点検項目を網羅することが重要です。作成にあたっては、労働安全・衛生コンサルタントや、中央労働災害防止協会などの安全衛生の専門家・専門機関に支援を受けるとよいでしょう。

イ．点検は計画的に行おう

　設備の保全状況、作業環境の状況、作業者の従事状況などにより、まず点検をする優先度、重要度を決定します。その優先度、重要度に基づいて点検箇所、項目、回数、時期、間隔を定め、定期的に点検を行うよう計画しましょう。

ウ．作業手順に従って点検しよう

　点検は作業手順に従って行うことにより、問題点の発見と解決を容易にするばかりでなく、問題の急所を外さずに実施することができます。また当日の作業の状況によっては作業手順にこだわらず点検を行うことが必要です。

エ．各職場から点検者を出し合って、相互点検を行おう

　相互に点検を行うことは、新たな視点から問題点が発見できる有効な方法です。好事例があれば、職場全体に水平展開することも期待できます。ときには、点検項目を事前に関係職場に周知すると、自主的な安全衛生点検を促進することにも効果があり、一人ひとりの点検の重要性についての認識が高まることにもつながります。

(2) 安全衛生点検の着眼点

点検を行うにあたっては、次のことに注意し、点検表等に盛り込みましょう。

☐ 作業環境は、法令に則っているか、職場で定めた施設基準等を満足しているか。

☐ 作業条件、環境条件が、年間、月間、週間、1日にどのように変化するか、最悪の条件での安全衛生状態がどうなっているか。

☐ 施設、設備・機材、作業方法等に改善すべき点はないか。ケガのもととなる危険な場所に対してとった対策は適切か。

☐ 作業手順などで決められたとおりに作業が行われているか。

図 4-1　段差の改善

図 4-2　すべり止め

安全衛生点検表に盛り込むべき着眼点（項目）を以下にあげます（**表 4-1**）。これらを参考に、皆さんの職場の点検表を作成しましょう。

表 4-1　安全衛生点検表（例）

項目	チェック
① 床、通路面、出入口に凹凸や突起物等がないか。	Yes ・ No
② 床、通路面、出入口にすべり、踏抜き等の危険な箇所はないか。	Yes ・ No
③ 通路は、適切な広さか。	Yes ・ No
④ 職場の整理、整頓、清掃、清潔（4S）の状態はどうか。	Yes ・ No
⑤ 施設や設備に、指やからだの一部がはさまれる・巻き込まれる箇所はないか。	Yes ・ No
⑥ 施設や設備を使用する際、作業手順や説明書に従い、使用しているか。	Yes ・ No
⑦ 施設や設備を使用する際、無理な姿勢やからだの一部に負担のかかる体勢になっていないか。	Yes ・ No
⑧ はしごや脚立を使用した高い位置での作業はないか。	Yes ・ No
⑨ 高所作業がある場合、作業床、手すり、柵や囲い等の設置や保護帽（ヘルメット）、安全帯の使用等による転落防止措置を講じているか。	Yes ・ No
⑩ はしごや脚立の使用方法（滑り止め、開き止めなど）は適切か。	Yes ・ No
⑪ 階段に手すりはついているか。	Yes ・ No
⑫ 長い階段には、踊り場があるか。	Yes ・ No
⑬ 階段の勾配は、30〜35°くらいであるか。	Yes ・ No
⑭ 階段の照度は適切であるか。	Yes ・ No
⑮ 階段の蹴上げや踏み面等の寸法は適切であるか。	Yes ・ No
⑯ 掲示物は適正に管理（期限、内容など）されているか。	Yes ・ No
⑰ 救急用具等の使用や保管状況は適切か。	Yes ・ No

図4-3 階段の安全基準（参考）

(3) 点検後の事後措置

点検は安全衛生上の問題点を見つけて解決するためのものであり、点検後の改善を確実に実施します。事後措置は、次のような順序に従って行うとよいでしょう。

ポイント

① 点検結果は責任者や担当者を決めて記録を作成し保管しておくこと。
② 点検結果については、必ず上司に報告して指示を受けること。
③ 点検の結果、発見した問題点については、関係する職場にも知らせて、その改善是正対策の促進に努めること。
④ 重要な問題については、職場会議や（安全）衛生委員会の場で関係者全員の意見を聴き、改善是正対策を決定すること。
⑤ 決定した対策は直ちに実行に移すこと。対策の実施にあたっては、実施者、時期、方法、予算などについて具体的に決めておくこと。
⑥ 改善後は、安全衛生上危険・有害な要因が確実に排除されたか、作業に支障がないかを確認すること。
⑦ 改善後の結果は、責任者や担当者を決めて、記録を作成し保管すること。
⑧ 好事例については、他の同様の職場にも取り入れ成果を共有（水平展開）すること。

点検の結果が環境改善や作業改善に結びつけば、次のような効果が期待できます。

①作業者と利用者の安心・安全につながる。
②施設や設備の故障が少なくなる。
③毎日の仕事が楽になり、疲労が少なくなる。
④高年齢者も働きやすい職場となる。
⑤仕事に対する意欲がわいてくる。
⑥明るい雰囲気の職場になる。

1 安全衛生点検の実施

~こんなところで災害が起きています~

Case 1　荷物を抱えて、階段を踏み外す！

・ダンボール箱を2つ重ねて両手で抱えながら階段を降り、足を踏み外して転倒した。

［原因］
・荷物で足元が見えなかった
・両手がふさがり、手すりを持っていなかった

［こうすれば安全］
・大きな荷物は、エレベーターなどを用いて運ぶ
・箱は小脇に抱えて、片手は手すりを持って階段を降りる
・大きな荷物はできるだけ1階の倉庫に保管する
・階段には手すり、すべり止めをつける

［守る！職場のルール］
・両手に物を持って昇降しない
・駆け足で昇降しない
・ポケットに手を入れて昇降しない
・階段に物を置かない
・スリッパ、つっかけ、ヒールの高い靴で昇降しない

Case 2　脚立を使って、掲示物や蛍光灯を取り替える作業で転落！

［原因］
・脚立の天板の上に乗って作業した
・脚立と作業の高さがあっていなかった

［こうすれば安全］
・上から2段目以下の踏みさんに立ち、作業する方向に昇降面を平行にして作業する
・保護帽（ヘルメット）を着用する
・高さにあった脚立を使用する

［守る！職場のルール］
・天板に乗る、座る、またがる行為は禁止
・脚立の上で身を乗り出したり、つま先立ちの作業はしない

上わく付き脚立
天場に両足を乗せて作業ができる

※作業をする足場が広く安定した上わく付きの専用脚立もあり、より安全です。安全な用具選びと購入を検討しましょう。

事故やケガを防ぐ

第4章
事故やケガを防ぐための安全対策

> **コラム：危険の「見える化」で事故ケガを防ぐ!!**

　社会福祉施設にバリアフリー化は普及していますが、どうしても解消できない足元の段差が残ってしまうこともあります。また、傾斜していることが分かりづらい緩やかなスロープ、見通しの悪い廊下の曲がり角、窓がなく向こう側の人が見えないドアなども転倒や激突の原因となります。

　これらの「見えにくい危険」は、表示・標識などを活用して「見える化」します。

① ② ③

① 　車椅子用の緩やかなスロープは、高齢者が平面と錯覚して歩くとつまずきの元になります。見落としやすいスロープや段差は、床を色分けしたり、表示を掲げるなどして注意を喚起します。

② 　非常口の前などに移動中のストレッチャーや車椅子などを仮置きしていると、災害時に避難する際の障害になります。このような箇所には、床面に仮置きを禁止する表示をして、注意を呼びかけましょう。範囲をテープなどで表示する場合には、はがれて転倒の原因とならないように、しっかりと貼られた状態に維持します。

③ 　通路の見通しの悪い曲がり角では、出会い頭に衝突したり、曲がった先に置かれたものにつまずいて転倒する危険があります。角にものを置かないようにし、カーブミラーなどの活用も有効です。

④ 　床を清掃中、通りかかった人が濡れた床ですべって転倒しないよう、ロープや表示板を使って清掃中のエリアを区画しましょう。

> ミーティングなどで、自分が気づいた危険な箇所と「見える化」するための工夫を提案し合い、職場の「見える化」を推進していきましょう。

2 安全衛生活動

　安全衛生活動とは、働く人の安全と健康を確保するために行うものです。ここでは、多くの事業場で実施され効果を上げている代表的な安全衛生活動を紹介します。

　利用者の安全・安心を確保するためには、まず働く人自身が正しい知識と的確な行動を身につけることが重要です。また自身の安全衛生について考え行動する過程で、利用者の安全への配慮がより一層高まり、危険を危険と感じる感受性や、対応能力が向上することも期待できます。

（1）災害の原因と不安全行動

　労働災害は、直接的な原因としては、「**不安全な状態**」と人の「**不安全な行動**」とが重なり合って起こります。図4-4の左、例えば、通路に車椅子が置かれたままです。車椅子が通路に置かれているのが不安全な状態です。そこを通る人が、車椅子を避けて通ればケガは起きません。ですが、「書類を見ながら歩いている」という不安全な行動が、「車椅子が通路に置かれている」という不安全な状態と重なると、転んでケガをすることがあります。

図4-4　書類を見ながら歩き車椅子につまずく

　不安全な状態 ＋ 不安全な行動 ⇒ 事故・災害

　労働災害の統計を詳しく見ると、災害のほとんどに不安全な行動が関わっていることが分かっています。では、こうした不安全行動はなぜ起きるのでしょうか。

　不安全行動は、大きく分けて「ヒューマンエラー」と呼ばれる人間の特性による誤りと、危険と知りながらあえて行う「リスクテイキングな行動」の2つに分けられます（図4-5）。ヒューマンエラーには、「見間違い・聞き違い」、「思い込み・先入観」「無意識な動作・癖」、「うっかり・ぼんやり」といったものがあげられます。リスクテイキングな行動とは、危ないと分かっているけれどあえてとってしまう行動です。その理由として、「面倒なので」、「急いでいる」、「多分大丈夫だろう」、「少しだけ」、「皆もやっている」とついつい危ないことをしてしまう行動を言います。

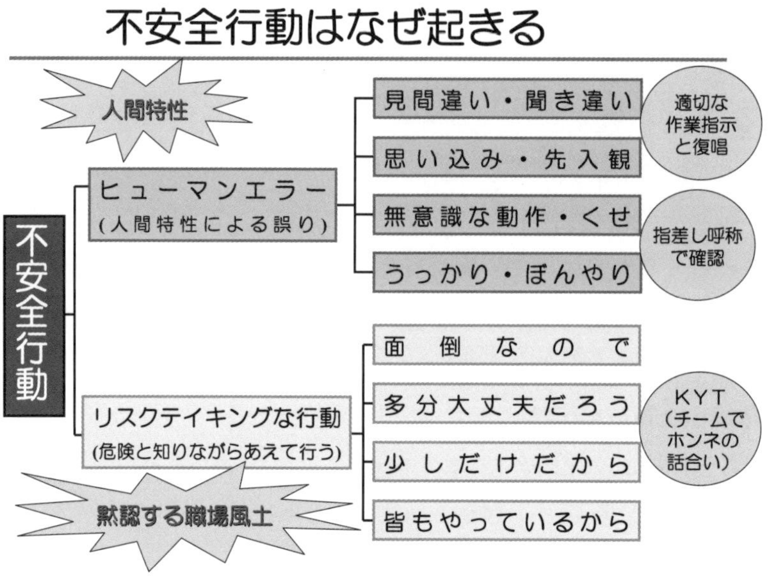

第4章
事故やケガを防ぐための安全対策

不安全行動はなぜ起きる

- 不安全行動
  - ヒューマンエラー（人間特性による誤り）【人間特性】
    - 見間違い・聞き違い
    - 思い込み・先入観 ／ 適切な作業指示と復唱
    - 無意識な動作・くせ
    - うっかり・ぼんやり ／ 指差し呼称で確認
  - リスクテイキングな行動（危険と知りながらあえて行う）【黙認する職場風土】
    - 面倒なので
    - 多分大丈夫だろう
    - 少しだけだから ／ KYT（チームでホンネの話合い）
    - 皆もやっているから

図4-5 不安全行動の類型

こうした不安全行動をなくし、災害の発生を防ぐためにはどうしたらよいのでしょうか。ヒューマンエラーとリスクテイキングな行動に対処する有効な方法を紹介します。

(2) 指差し呼称

ヒューマエラーに対する有効な対策として、「適切な作業指示と復唱」や「指差し呼称」があります。ここでは、作業を安全に行うための確認行動である「指差し呼称」の実践手法を紹介します。指差し呼称を取り入れて作業を正確に行い、ミスの予防に役立てましょう。

ア．指差し呼称の効果

例えば、施設利用者の薬の種類や量、浴槽の湯の温度、介助器具の状態などについて、「無意識な動作・クセ」、「うっかり・ぼんやり」といった状態で、確認作業をするとどうでしょうか。間違いをするばかりか、確認行動そのものを失念してしまうかもしれません。そうするとミスをして事故やケガにつながります。

少し難しくなりますが、意識の状態を5段階に分けた研究結果が、**表4-2**です。

意識の状態は、通常の作業中は、フェーズⅡのノーマルな状態です。次の作業への切り替え時や注意を要する作業となったとき、この状態を「指差し呼称」を行ってフェーズⅢのクリアな状態にすることで、意識を前向きにすることができます。反対にパニック状態のフェーズⅣの状態になると、一点ばかりを見て信頼性が低くなるため、指差し呼称で一呼吸入れることで、フェーズⅢのクリアな状態にすることができます。

表4-2　意識レベルの5段階（故橋本邦衛・日本大学生産工学部教授）

レベル	意識の状態	注意の作用	生理的状態	信頼性
0	無意識	ゼロ	睡眠	ゼロ
Ⅰ	意識ボケ	不注意	疲労、眠気	0.9以下
Ⅱ	ノーマル	心の内方へ	定時作業時	0.99～0.99999
Ⅲ	クリアー	前向き	積極活動時	0.999999以上
Ⅳ	過緊張	1点に固執	感情パニック	0.9以下

　この指差し呼称の有効性については、何もしない時よりも、指差し呼称をした時は、エラーが1／6に減ったという鉄道総合技術研究所の実験結果もあります。

イ．指差し呼称のやり方

　指差し呼称は、作業を安全に、誤りなく進めていくために作業の大切なところ、作業の変わり目などの要所要所で、確認すべき対象を指差して、見つめ、「○○ヨシ！」と声に出し、確認します。指差し呼称の基本形は次のとおりです。習慣になるよう身につけると良いでしょう（図4-6、図4-7）。

❶　意識をクリアーな状態にするため、動作には適度の緊張が必要です。きびきびと行う。

❷　「呼称」する内容は、危険がないことまたは排除されたことを確認するもので、例えば「浴槽温度 ヨシ！」ではなく、「浴槽温度○度 ヨシ！」、「車椅子 車輪 ヨシ！」ではなく「車椅子 車輪固定 ヨシ！」というように具体的な表現を工夫する。

❸　特に重要な指差し呼称箇所では「○○○○ ヨイカ？」、「○○○○ ヨシ！」と自問自答してしっかり確認する。

　ヒューマンエラーを防止するためには、上述のような正しい動作が望ましいのですが、社会福祉施設においては利用者の前で大きな声や動作ができない場合もあります。

　それでも、しっかり確認することは必要ですから、声を出さずに手で触れて確認するなど状況に合った方法を工夫しましょう。ちなみに旅客機の客室乗務や病院の看護の現場などにおいても、同様に工夫し実践されています。

第4章
事故やケガを防ぐための安全対策

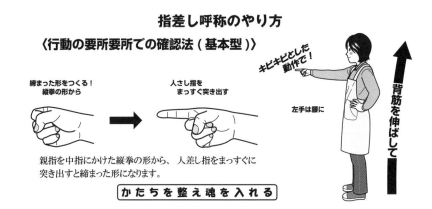

図 4-6

1　右腕を伸ばし（左手は腰）
2　人差し指で対象を指差し
3　対象をしっかり見る
4　呼称項目を「〇〇」と唱えてから
5　右手を耳元まで振り上げ
6　本当に良いかを考え確かめる
7　確認できたら
8　「ヨシ！」と唱えながら
9　確認対象に向かって振り下ろす

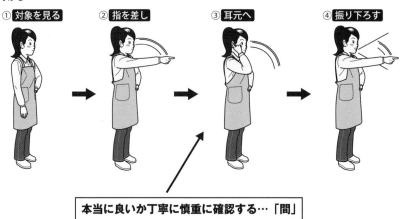

図 4-7

(3) 危険予知訓練（KYT）

次に、図4-5（84ページ）で説明した「リスクテイキングな行動」については、どのように対処したらよいでしょうか。教育も受けた、正しい手順も分かっている、それなのにそうした行動をとってしまうのは、人手が足りない、急いでいるといった職場の状況も考えられますが、それを黙認する職場の雰囲気があることも多いのです。上司も同僚も見て見ぬふりをする、職場の誰もがやっているそういった職場の雰囲気がリスクテイキングな行動をとらせる要因ともなります。

職場全体が安全な行動をとるようにしようという気持ちにさせるためには、みんなで、職場や作業にどんな危険があるか、対策をどうしようかと話し合って考えあって分かり合う活動、「危険予知訓練（KYT）」が有効です。

ア．危険予知訓練の効果

KYTとは、危険予知訓練のことで、危険のK、予知のY、そして訓練（トレーニング）のTをとってKYTと略称されています。

KYTは、自分の生命にも関する「危険」の問題をテーマにして、職場の全員参加により、危険に対する対策を全員の合意で決めて実践につなげようとする話し合いです。

その話し合いを通じて、

❶ 職場・作業の危険を考え、危険を危険と感じる感受性を鋭くする
❷ 全員で危険に対する対策を考え合うことを通じて、問題解決能力を向上させる
❸ メンバー全員で分かり合い、合意して対策を決定するので、自分自身もその決定に加わっていることにより実践への意欲を高める
❹ 作業の中で、安全を確認すべき対象に集中力を向けて指差し、声を出して指差し呼称を実践することにより、集中力を高める

といった効果があります。

イ．KYTの実践方法

KYTの基礎となるやり方、「KYT基礎4ラウンド法」を紹介します。

チームでイラストシートを用いて、現場・現物で職場や作業にひそむ危険を発見・把握・解決していくＫＹＴの基本手法です（表4-3）。職場の実際にある作業のイラストを用いて、以下の手順にしたがって、意見を出し合っていきます。

> **ポイント**
>
> 第1ラウンド：「どんな危険がひそんでいるか」現状把握を行います。災害は、不安全状態と不安全行動から生じていますので、この2つと、転ぶ、落ちるなどの表現で行います。
> 第2ラウンド：「これが危険のポイントだ」、本質追及として、発見した危険のうち、特に重要なものをみんなの合意で絞り込みます。
> 第3ラウンド：「あなたならどうする」対策樹立として、第2ラウンドで絞り込んだ危険を解決するを対策案を出し合います。
> 第4ラウンド：「私たちはこうする」として、目標設定を行います。対策案の中から、効果的なものをみんなの合意で絞り込みそれをもとにチーム行動目標を決めます。さらに、現場で必ず実践する指差し呼称項目を決めます。

第4章
事故やケガを防ぐための安全対策

表 4-3　KYT基礎4ラウンド法の概要

ラウンド（R）	危険予知訓練のポイント	ラウンドの内容（要旨）
1R	どんな危険がひそんでいるか	イラストシートの状況の中にひそむ危険を発見し、危険要因とその要因が引き起こす現象を想定して出し合い、共有し合います。
2R	これが危険のポイントだ	発見した危険のうち、これが重要だと思われる危険を把握して○印、さらにみんなの合意でしぼりこみ、◎印とアンダーラインをつけ"危険のポイント"とし、指差し唱和で確認します。
3R	あなたならどうする	◎印をつけた危険のポイントを解決するにはどうしたらよいかを考え、具体的な対策案を出し合います。
4R	私たちはこうする	対策の中からみんなの合意でしぼりこみ、※印とアンダーラインをつけ、"重点実施項目"とします。それを実践するための"チーム行動目標"を設定、指差し唱和で確認します。

　チームの中で、リーダーや記録係など役割分担を決め、明るく何でもホンネで話し合いのできるリラックスした雰囲気ではじめます。皆さんの職場の関連業務であれば簡単な自前のイラストシートでKYTを行います。写真を使っても良いのですが、写っている作業場所の整理整頓が悪かったり、写し出されている場面が広すぎるとメンバーの注意があちらこちらへ飛び、話の中身が広がり過ぎたり、間違い探しになりがちです。KYTに使う写真を選ぶ際には、こうした注意が必要です。以下にイラストシートの一例（図4-8）とKYシートの記入例を示します。

イラストシート例　どんな危険がひそんでいるか　【業務名　窓拭き】

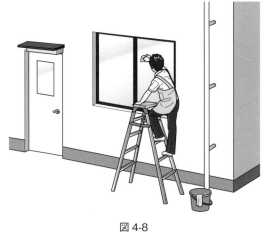

図 4-8

状況
あなたは、脚立を使って、窓ふきをしている

（記入例）　**危険予知訓練レポート**　シートNo.　とき・　ところ

職場名	作業名	リーダー	記録係	その他のメンバー			
		鈴木	佐藤	田村	森本	高木	塚地・原田

第1ラウンド ＜どんな危険がひそんでいるか＞ 潜在危険を発見・予知し、"危険要因"とそれによって引き起こされる"現象"を想定する。
第2ラウンド ＜これが危険のポイントだ＞ 発見した危険のうち、「重要危険」に ○印。さらにしぼり込んで、特に重要と思われる"危険のポイント"に ◎印。
"危険要因"と"現象(事故の型)"を想定して ［～なので～して～になる］というように書く。

1　○　力を入れて汚れをもみ洗いしたので、はねた水が目に入った。
2　◎　脚立から離れた窓を拭こうと身を乗り出したので脚立がぐらついて、よろけて落ちる。
3　　　脚立から飛び降りて、着地したときよろけて足をひねる。
4　○　登りながら窓に近づこうと窓側に脚を寄せたので濡れた踏みさんですべり、転落する。
5　　　脚立から降りて拭き具合を見ながら後ずさりしたので、脚立のそばのバケツに足をひっかけ転ぶ。
6　　　……

第一ラウンドのポイント
・イラストの作業者になりきる
・"現象"は"事故の型"でいいきる
・"危険要因"はできるだけ"不安全な行動"と"不安全な状態"でとらえる
・"危険要因"を掘り下げる
・"危険要因"は具体的に表現

第3ラウンド＜あなたならどうする＞"危険のポイント"◎印項目 を解決するための「具体的で実行可能な対策」を考える。
第4ラウンド＜私達はこうする＞"重点実施項目"をしぼり込み ※印。さらにそれを実践するための"チーム行動目標"を設定する。

◎印No.	※印	具　体　策
		1　脚立を正面に置く
		2　脚立の反対側に登る
	※	3　脚立をこまめに動かす
		4　……
		5

チーム行動目標
～する時は
～をして
～しよう ヨシ

脚立をつかって窓拭きをするときは
脚立をこまめに動かして
行なおうヨシ！

指差し呼称項目　脚立位置、正面ヨシ！

上司（コーディネーター）コメント

事故やケガを防ぐ

ウ．危険予知（KY）活動で職場風土づくり

　指差し呼称や、KYTなどを含むKY活動は、単にエラーの防止、危険の解決だけを目指しているのではありません。最終的には安全衛生の先取りと全員参加の明るい生き生きとした"職場風土づくり"を目指すものです。

　職場で何が危険かのホンネの話合いを毎日、短時間ミーティングの中で繰り返すことで、安全衛生を先取りする感受性が鋭くなり、チームワークも強くなります。これによって安全衛生だけでなく、職場のあらゆる問題についても自主的に解決することができるようになります。利用者はもとより、自分たちの安全衛生についての問題も同時に解決できるようになるのです（図4-9）。

　職場風土と安全先取り活動との位置づけを表したのが、図4-10です。日々の活動を通じて施設内のルールが守られ、ルール、マナー、エチケットができる職場になり、皆で話し合い、コミュニケーション風通しの良い職場に風土が変わります。そうして施設や法人組織全体の風土・体質ができあがっていきます。

第4章
事故やケガを防ぐための安全対策

図 4-9　KY 活動のめざすもの

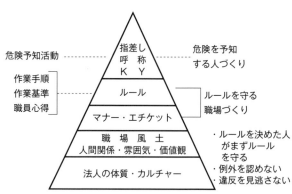

図 4-10　職場風土と安全衛生活動の関係

> ## 💬 コラム：ヒヤリ・ハット
>
> 　災害には至らなかったが「ヒヤリとした」、「ハッとした」体験は、誰しも心当たりがあるでしょう。このヒヤリ・ハット情報は、安全を先取りする上で貴重な宝の山と言っても過言ではありません。
>
> 　「1：29：300」というハインリッヒの法則。同じ人間に重症災害が1件発生したとすると、その背後には軽症災害が29件ある。さらにその背後には災害統計には表れないヒヤリ・ハットが300件あると言われています。
>
> 　「ヒヤリ・ハット事例」の背景には、労働者の不安全行動もありますが、使用している施設・設備などの欠陥や、会社が指示した作業方法・手順に無理がある例などが数多くあります。したがってこのヒヤリ・ハット情報から問題を洗い出し、対策を打つことで、災害の発生確率を下げることが大いに期待できます。ヒヤリ・ハット報告は、災害防止の宝といえます。
>
> 　ヒヤリ・ハット事例を上司に報告すると、「本人の不注意！」と一喝されるようなリーダーの元では、この宝の山は埋もれてしまい、同じような要因の災害へと発展してしまいます。
>
> 　利用者に対するヒヤリ・ハット情報ももちろん重要ですが、介護・看護にあたる皆さんもヒヤリ・ハット情報を活用して安全に働いてこそ、利用者にとっても安全・安心なサービスが提供できます。
>
> 　KY 活動の本音の話合いの中でヒヤリ・ハット情報を有効に活用し、危険情報の共有や問題解決に活かしましょう。

(4) 4S活動

ア．4Sとは

「4S」を見れば、その職場の安全衛生水準が分かるともいわれ、「4S」は安全衛生の基本として重視されています。多くの職場の安全衛生活動として「4S」運動が取り入れられています。

4Sとは、整理（Seiri）、整頓（Seiton）、清掃（Seisou）、清潔（Seiketus）の頭文字をとったもので、いまや「4S」で海外にも通じるまでになっています。

職場によっては、これに躾（Shitsuke）、先取り（Sakidori）、習慣化（Syukanka）などを加えて「5S」あるいは「6S」として、運動を展開しているところもあります。

なお、この4Sは、整理等に関する一般的な用語として使われるのではなく、次のような意味があるので、よく理解して職場の日常活動で実践することが必要です。

- ・整理　作業に必要なものと不要な物を分類し、不要な物は、一定の箇所に集めて廃棄するか、必要になるまで保管しておくことをいう。
- ・整頓　物の置き方の秩序を保ちながら、再使用に便利なように所定の場所に保管することをいう。使う頻度が高いものなどは手前に置くなどの配慮を行う。
- ・清掃　単なる掃除ではなく、整理、整頓の仕上げの役目を担っており、整理、整頓が悪いのに掃除だけをしても清掃したとはいわない。
- ・清潔　作業過程で出る汚物や雑菌、廃棄物などによる汚染を防止し、職場や作業着・ユニホームなどを美しく保持することをいう。

イ．4Sの必要性と効果

「通路が確保されていない」、「作業スペースが狭く無理な姿勢になる」、「不潔な状態の放置」など4Sの不良は、転倒災害や腰痛、感染症につながるリスクとなります。これらのリスクを減らすには、4Sを実行し、職場の不安全や不衛生な状態をなくす、4S活動

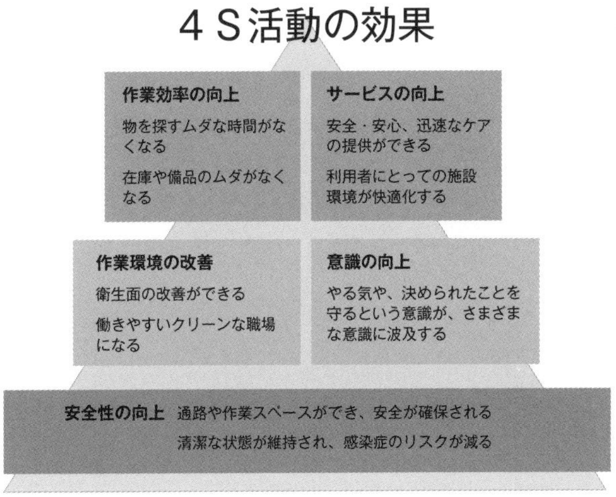

4S活動の効果

- 作業効率の向上
  - 物を探すムダな時間がなくなる
  - 在庫や備品のムダがなくなる
- サービスの向上
  - 安全・安心、迅速なケアの提供ができる
  - 利用者にとっての施設環境が快適化する
- 作業環境の改善
  - 衛生面の改善ができる
  - 働きやすいクリーンな職場になる
- 意識の向上
  - やる気や、決められたことを守るという意識が、さまざまな意識に波及する
- 安全性の向上　通路や作業スペースができ、安全が確保される
  清潔な状態が維持され、感染症のリスクが減る

図4-11

第4章
事故やケガを防ぐための安全対策

が有効です。さらに4Ｓ活動が推進され定着すると、安全性の向上はもとより、図のようなさまざまな分野で、効果が期待できます（図4-12）。

ウ．4Ｓの進め方

次に、4Ｓを実施するポイントを、事務室、リネン室や資材室などに使用される倉庫などを例に紹介します。4Ｓのコツをつかんだら、施設の共有スペースなど、施設全体にも応用してみましょう。

表4-4　事務室の4Ｓのポイント

	4Ｓ実施のポイント	効果
整理	・事務用品は最低限にする ・個人持ちの書類は減らす ・古い掲示物は外す ・本棚、書庫は定期的に見直し、保存期間が過ぎたものを廃棄する	・共通ルールにそって、整理することで、仕事がしやすくなる ・新たなスペースができる ・情報の紛失、漏洩防止になる
整頓	・よく使うものを身近に置く ・外から見て分かるように掲示する ・書類の保存年限をファイルに明記する ・通路や階段に物を置かないようにする	・物が探しやすくなる ・仕事の効率が上がる ・物につまずかない
清掃	・机、パソコン周りなどはきれいにする ・通路をきれいにする ・照明をきれいにする ・ゴミ箱等をきれいにする	・快適な環境で、気持ち良く仕事ができる ・転倒予防のリスクが減る
清潔	・職場の整理・整頓・清潔を守りきれいな状態を維持する ・体にあった、身ぎれいな服装を心がける	・いつもきれいな職場でいられ気持ちが良い

4Ｓを実行すれば、仕事も効率的になり気持ちも良い。
図4-12　事務室の4Ｓ（例）

表4-5　リネン室、資材室の倉庫等の4Sのポイント

	4S実施のポイント	効果
整理	・資材等の予備は、必要数を把握し、最適な量を決め、最低限とする。 ・壊れた掃除用具などは修理するか、廃棄する ・不用品は定期的に処分し溜め込まない	・新たなスペースができる ・共通ルールにそって、整理することで、仕事がしやすくなる ・資材のムダがなくなる
整頓	・よく使う物を身近に置く ・外から見て分かるように掲示する ・通路や導線に物を置かないようにする ・手の届かないところに物を置かない ・洗剤等は容器に分かりやすく表示する	・物が探しやすくなる ・仕事の効率が上がる ・物につまずかない
清掃	・床面をきれいにする。 ・照明をきれいにする ・リネン回収ボックス、ゴミ箱等をきれいにする	・快適な環境で、気持ち良く仕事ができる ・転倒予防のリスクが減る
清潔	・職場の整理・整頓・清潔を守りきれいな状態を維持する ・必要な保護衣、マスク等を使用する ・汚物等を入れる場合は、蓋付きの容器を用いる	・感染症等の予防につながる ・いつもきれいな職場でいられ安心する

事故やケガを防ぐ

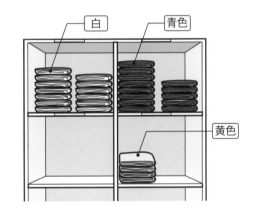

整理整頓された浴室タオルの例。タオルの色によって身体用、下半身用、仕上げ拭き用に分けられ、使用するタオルを間違えないように工夫されている。

図4-13　資材室の倉庫等の4S（例）

(5) 事故・ケガ防止のためのリスクアセスメント

ア．リスクアセスメントとは

　腰痛予防対策のために行うリスクアセスメント（27ページ参照）のほかに、施設、設備、作業行動等を対象としたリスクアセスメントをすることがあります。これは職場にひそむ危険性または有害性等を特定し、そのリスクを見積もり、その結果に基づきリスク低減措置の内容を検討すること（リスクアセスメント）および低減措置を実施するもので、労働災害防止に効果的です。

　リスクアセスメントおよびこれに基づく対策の実施は、労働安全衛生法の改正により平成18年4月から事業者の努力義務となりました（同法第28条の2）。

　また、厚生労働省は、このリスクアセスメントの基本的考え方や実施事項について、「危険性又は有害性等の調査等に関する指針」（平成18年3月10日）を示しています。以下にリスクアセスメントの概要を紹介します。

イ．危険性または有害性の特定

　危険な設備、有害な薬品、騒音、熱や作業行動など、職場にひそむ危険性や有害性について特定します。

ウ．リスクの見積り

　リスクの見積りについては、危険性または有害性によって生じるおそれのある「負傷または疾病の重篤度」と「発生する可能性の度合」を考慮して見積もります。「負傷または疾病の重篤度」は休業日数等を尺度として、次のような区分をするのが一般的です。

致命的：死亡災害や身体の一部に永久損傷を伴うもの
重　大：1カ月以上の休業災害や一度に多数の被災者を伴うもの
中程度：1カ月未満の休業災害や一度に複数の被災者を伴うもの
軽　度：不休災害やかすり傷程度のもの

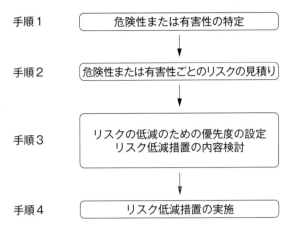

図4-14 リスクアセスメントの手順、見積り例

エ．リスク低減措置の検討と実施

　リスクの見積りにより優先度が設定されたものについて、リスク低減措置を検討することになります。リスク低減措置は、リスク低減に要する費用などの負担がリスク低減による労働災害防止効果よりも大幅に大きく、リスク低減措置の実施を求めることが著しく合理性を欠くと考えられる場合を除き、図4-15の優先順位で可能な限り高い優先順位のものを実施しなければなりません。なお、法令で定められた事項や高いリスクがある場合は、必ず実施しなければなりません。

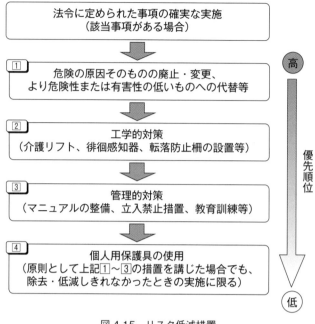

図 4-15　リスク低減措置

オ．リスクアセスメントの効果

すでにリスクアセスメントを導入し実施している企業では、次のような効果が上がっているとしています。

❶　リスクに対する認識を全員で共有できる

　リスクアセスメントは現場の作業者の参加を得て、管理監督者とともに進めるので職場全体で安全衛生のリスクに対する共通の認識を持つことができるようになる。

❷　本質安全化を主眼とした技術的対策への取り組みができる

　リスクアセスメントではリスクレベルに対応した安全対策を選択することが必要となるため、本質安全化を主眼とした技術的対策への取り組みを進めることになる。特に、リスクレベルの大きい場合は本質安全化に向けた対策に取り組むことになる。

❸　対策の必要性について関係者の理解が深まるとともに、合理的な優先順位が決定できる

3 災害調査

(1) 災害調査

労働災害は本来あってはならないものですが、不幸にして発生した場合には、速やかに災害調査を行い、災害原因を究明し再発防止対策を講じる必要があります。また、これら一連の対応については、調査委員会を設置するなどできるだけ透明性を高め、第三者の専門家に調査に参加してもらうなど、労働者をはじめ関係者の信頼を得るように努めることが大切です。

災害調査の手順はおおむね下の図4-16のようにまとめることができます。

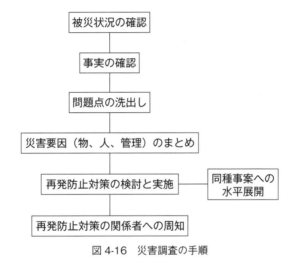

図4-16　災害調査の手順

(2) 再発防止対策

再発防止対策を考える場合には、災害調査で明らかとなった「物」、「人」、「管理」の要因それぞれに対応する対策を検討します。

まずは「物」の要因について、リスクアセスメントとリスク低減措置の手法と考え方を用いて対策を講じていくことになります。

「人」の要因については、適正配置への気配りがまず必要であり、次いで繰り返し教育訓練を行うことが基本です。特に雇い入れて間もない新人や配置転換して間もない者や派遣労働者については、OJT※も含めて教育訓練の徹底が必要となります。

また、日々の健康状況のチェックも大切です。場合によっては休ませたり早退等も考慮する必要があります。さらに、「管理」の要因に対応する対策としては、例えば、次のような対策が考えられます。

※ OJT（On the Job Training）：日常の仕事の中で教育を行うこと。

第4章 事故やケガを防ぐための安全対策

ポイント

① トップダウン・ボトムアップを励行しやすいよう組織の風通しを良くする。
② 責任と権限を明確にした安全衛生管理体制に見直す。
③ 安全衛生管理の担当者は専任の者とする、また複数の者を置く。
④ 職場ごとに安全衛生のための委員会を設置し定期に会合を持つ。
⑤ マネージャー、リーダーの教育の機会を増やし内容を充実させる。
⑥ 安全衛生の各種規程、作業手順を見直したうえで整備し、教育訓練等を通じ周知徹底を図る。
⑦ 作業計画、作業指示等を言葉だけでなく分かりやすく文書化し、始業時・ミーティングで自体的に指示・説明することを制度化する。

4 災害時などの緊急事態対応の体制づくり

　社会福祉施設等の介護・看護の職場では、地震等の自然災害時において、利用者と労働者の安全を第一に行動し、被害を最小限にとどめて一刻も早い事業再開もしくは事業の継続が求められます。日頃から災害時に備え、緊急事態対応のマニュアルを事前に作成しておき、体制を整え、教育・訓練を行いましょう。マニュアル作成等の準備には、次の項目を参考にしてください。また、マニュアルは訓練実施の都度不具合があれば、見直しを行いましょう。

ア．組織体制づくり

　責任者、情報収集・連絡担当、救護担当、避難誘導・安全対策担当、備蓄物資担当等に分け、担当者を指名し役割分担を決める。

イ．連絡体制の整備

　職員の連絡網を整備するとともに、メール等電話以外の複数の伝達手段についても確保しておく。職員・利用者の安否確認、職場の被害状況の方法について定めておく。消防署、自治体の緊急連絡先を確認しておく。

ウ．情報収集先の確認

　気象警報などの警戒避難に関する情報を早期に入手するため、災害関連情報の入手先を複数確認し、収集した情報は一元管理し、共有化する。

現状把握と情報集約が肝心
図4-17

エ．職員・スタッフの出勤基準

災害の状況に応じて、役職、居住場所、交通手段を考慮し、緊急時に出勤できる職員を確認する。夜間、休日の場合の基準についても決めておく。

オ．食料その他の防災備蓄品のリストアップと準備

3日分の食料・飲料水、医薬品、救護用品、生活用品、避難用具を備蓄する。

有効期限切れにならないよう、定期的に在庫をチェックする。

水、電力、ガス等のライフラインが途絶えた場合の代替措置についても検討する（例：夜間の停電に備えた非常用照明器具や自家発電、冬期対策の暖房器具等）。

カ．施設内と地域周辺の安全点検

棚、照明等の備品の転倒・落下防止、ガラスの飛散防止等の耐震対策、避難通路・照明の確保を点検する。

施設周辺の自然状況の変化、植栽、斜面、水路等の状況を点検する。

キ．災害時の行動手順

避難場所、避難経路を確認し、安全な避難行動が取れるよう定めておく。

各役割分担や、出勤・在宅、昼間・夜間等の状況に応じて、災害時の行動手順を定めておく。

避難路に物を置かない
図 4-18

ク．防災教育と訓練

災害時の被害を最小限に抑え、落ち着いた行動が取れるよう、自然災害の基礎知識や、役割分担に応じた災害時の取るべき適切な行動について教育を行う。

救命用具を用いた救急法の教育訓練を実施する。

自然災害を想定して、防災訓練を実施する。避難経路、避難場所を確認する。

なお、夜間や休日に災害が発生する場合も想定し、訓練を実施する。避難誘導の人数が少ない場合の人員配置や手順の確認、暗い中で避難をすることを想定し非常灯などを用いる。

ケ．自治体、地域等の連携

自治体、地域住民、近隣施設等との協力体制を構築しておく。

参考文献：「現場の地震防災力を高める」（中央労働災害防止協会）平成 26 年

第5章 交通事故防止対策

学習のポイント

　社会福祉施設などでは、利用者の送迎や訪問などに自動車や自転車が用いられており、業務中に交通事故にあい、ケガをすれば、労働災害になります。また、通勤中の交通事故についても、通勤災害として、労災保険の対象となります。交通事故は、死亡災害や重篤なケガになる可能性があります。
　この章では交通事故を防ぐために職場でできる取り組みとして、交通KYT、交通ヒヤリマップ、交通事故防止管理体制について学びます。

1 社会福祉事業にかかる交通労働災害の現状

　社会福祉事業における交通労働災害は年々増加していて、平成25年度では450件の労働災害が発生しています。この件数は6年前の平成19年度の件数に比べると約1.4倍にもなっています。

　日本は、超高齢化社会となり、社会福祉事業への民間事業者等の新規参入者も増えてくることが見込まれることから、ほかの労働災害とともに交通労働災害は安全衛生上の大きな課題となってくることが予想されます。

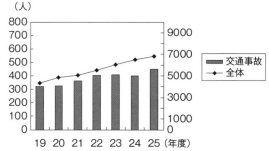

図5-1　社会福祉施設の交通労働災害（厚生労働省）

2 交通危険予知活動

(1) 車の運転の特徴

車の運転には、ほかの作業に見られないいくつかの特徴があります。

特徴1　自分の判断と責任で行動

　　車の運転は、職場から離れた、つまり職場の管理者やメンバーの目が届きません。このため、交通事故・災害防止については、一人ひとりの危険予知能力を向上させることが必要です。

特徴2　瞬時に状況が変わる

　　行き先により道路は異なります。また、同じ道路であっても、時間帯・気象状況・季節や利用する車の種類や歩行者（高齢者、成人、子どもなど）の有無によっても環境は大きく変化します。このため、さまざまな危険とその

特徴3　不適切な判断が事故を招く

運転者は、たとえ自分は法規に則った運転をしていたとしても、急に自転車が飛び出したり、前の車がブレーキを掛けた時には、それを回避しなければ事故につながります。つまり、「たぶん大丈夫だろう」ではなく「事故が起きるかもしれない」といった意識に転換して、あらかじめそれらの事態に対応できるよう的確な判断をし、運転行動を取るように行動を変えることが求められます。

(2) 交通危険予知（KY）活動の必要性

こうした車の運転の特徴を踏まえると、交通事故防止のため、危険に対する感受性を鋭くして危険予知能力を向上させ、集中力を高め、決めたことを実践するトレーニングが必要となります。自動車の運転は、慣れ始めると、注意をしているつもりでも、ついウッカリ、ボンヤリ、手抜き、省略をしかねません。向こうからぶつかってくる"もらい事故"を防ぐ防衛運転のためにも、交通危険予知活動を取り入れましょう。

この交通危険予知活動は、第4章に紹介したKYTを交通安全の場面に応用したもので、交通KYT、指差し呼称、交通ヒヤリマップをつくるといった活動があります。

社会福祉施設の交通安全確保を考えた場合、労働者の車通勤のほか、施設利用者の送迎ルートが限定されているため、こうした交通ヒヤリマップの活用が効果的であると考えられますので、交通危険予知（KY）活動の一つの方法として、次に紹介します。

3 交通ヒヤリマップ

(1) 交通ヒヤリマップとは

施設の送迎用ルートや時間帯は概ね決まっていますが、迎えと送りで違いがあることが考えられます。運転中体験したヒヤリ・ハットをみんなで出しあい、マップに書き出します。これを職場で共有して、安全運転に結び付ける方法が、交通ヒヤリマップです。貴重な体験を共有することで交通事故ゼロに大きく貢献します。

一般的には、運行経路に沿って、白地図に過去の事故やみんなのヒヤリ体験を書き込んだ地図になります。駐車地点、連絡先、避難先等も書き込み、業務メモとしても使用できます。交通ヒヤリマップは、送迎上の運行経路に応じてつくる"送迎用"と職場への毎日の通勤経路を対象とした"通勤用"の2つがあります。

交通状況は、道路工事や天候などにより変化します。ヒヤリ体験の発生も変化しますので、3カ月ごと、季節の変わり目に更新しましょう。

第5章
交通事故防止対策

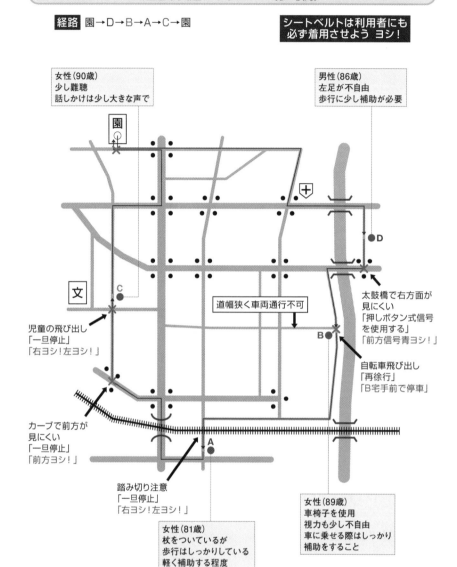

図 5-2

出典:「社会福祉施設における安全衛生対策マニュアル」(厚生労働省) 平成25年

(2) 交通ヒヤリマップの活かし方

ア．送迎用ヒヤリマップ

❶ 管理監督者の活用

　始業時のミーティングなど、管理者、監督者あるいはグループのリーダーが、その日の送迎について説明や業務の指示を行うときに活用します。

　業務指示は、行き帰りの運転についても、的確な指示が必要です。ただ、「運

転に気をつけて」だけでなく、交通ヒヤリマップを取り出し、どこが危険か？対策は？　と、ポイントを示して行います。メンバーから意見を求めることも忘れてはなりません。そして、危険のポイントに対する指差し呼称項目をみんなで唱和し確認しましょう。

❷　交通ヒヤリKYT

ヒヤリマップ上に×印がついた箇所について、イラストシートをつくり、短時間KYTを行います。

まず、ヒヤリマップのヒヤリ内容について、イラストシートをつくります。ヒヤリの起こった状況をそのまま描かないで、ヒヤリの起こる一歩前を絵にします。KYTは、イラストに描かれたごく普通の状況の中にひそむさまざまな危険を、話し合うことによって見つけ出し、「これは危ないなぁ」と気づくことで、危険に対する感受性を研ぎすますための訓練です。イラストシートができあがったら、短時間ＫＹＴを行いましょう。始業時あるいは終業時のミーティングで気軽に毎日実践しましょう。慣れれば3分間位でできるようになります。

図5-3　ミーティングでヒヤリマップを活用

❸　運転中の指差し呼称

でき上がった自分のヒヤリマップは、カードケースに入れて、運転席からすぐ手に取れる所に置いておきます。そして、運転前に、ヒヤリマップを見て、ヒヤリ箇所をチェックします。もちろん、運転中は要所要所で的確に指差し呼称を行います。

図5-4　運転中の指差し呼称

※ハンドルから手を離せない場合は、手の親指を立てて行う（図5-4）。

イ．通勤用ヒヤリマップの活かし方

業務用ヒヤリ・マップの活用と同様に、通勤中のヒヤリを題材として、イラストシートを作成し、ミーティングで活用すると良いでしょう。お互いのヒヤリについて気づいたことを本音で話し合い、話し合いの中で気づいたことは、ヒヤリマップ

に書き加え、訂正します。職場のコミュニケーションの向上にもつながり、マップは、交通労働災害防止のための貴重な資料となります。

4 交通労働災害防止のための管理体制

業務により、自動車等の運転をする職場では、交通労働災害を防止するために、事業者が、管理体制をつくる必要があります。また、運転を行う労働者に安全運転の教育を行います。運転者は、交通労働災害を防止するため、事業者の指示など必要な事項を守り、事業者に協力して交通労働災害の防止に努めなければなりません。

ア．管理体制をつくる

安全管理者、運行管理者、安全運転管理者等の交通労働災害防止に関係する管理者を選任します。それに加えて、管理者の役割、責任および権限を定めます。そして、選任された管理者に対して、必要な教育を実施します。

イ．方針の表明、目標の設定、計画の作成・実施・評価・改善

事業者は、交通労働災害防止にかかる安全衛生方針を表明し、目標を設定します。

目標を達成するため、労働時間の管理、交通安全教育、運転者の健康管理、車両の点検、安全装置等の整備などの実施事項を含む安全衛生計画を作成し、計画を実施し、評価・改善をします。

ウ．安全委員会における調査審議

安全委員会などで交通労働災害の防止について調査・審議を行います。

5 交通事故発生時の対応

交通事故発生時には、落ち着いて行動ができるよう、日ごろからマニュアルを準備し、いざというときに対応できるよう訓練しておきましょう。

○事故発生時の対応手順

① 安全な場所へ車両を移動
② 負傷者の応急措置
③ 110番、負傷者がいる場合は、119番へ
④ 連絡施設・病院への連絡
⑤ 損害保険会社への連絡

参考：「交通事故防止のためのガイドライン」（厚生労働省）　平成24年4月　改訂

第6章 安全衛生教育

学習のポイント

ケガや病気をせず、健康に働き続けるためには、安全衛生について一人ひとりが十分な知識を持つことが必要です。それは、質の高いサービスを提供し続けていくことになり、介護や看護についての実践的な知識と技術を学習する向上心にもつながっていきます。安全衛生教育は、労働者自身のためにあることを理解し、仕事や生活の中に活かしていくことが大切です。この章では、教育を実施するために、必要なポイントを解説します。

1 安全衛生教育の実施計画の立て方

社会福祉施設等にかかわる安全衛生教育としては、法令、指針等で定められるものとして、表6-1のものがあります。安全衛生教育は、誰に、何を教育するかに応じ、具体的な教育内容（カリキュラム）を定め、それに必要な講師の手配や教材の用意などを行います。このため、安全衛生教育についての年間計画を立て、これに基づいて教育を行います。計画の立て方は、次のとおりです。

表6-1 社会福祉施設・介護事業にかかる安全衛生教育

教育の対象者		就業資格	就業時教育	就業中教育
1	作業者	一般業務に従事する者	雇入れ時教育（則第35条）健康教育（法第69条）	作業内容変更時教育（則第35条）高年齢者教育 健康教育（法第69条）
2	管理・監督者	安全管理者 衛生管理者 安全衛生推進者 衛生推進者	研修 免許試験等 実務経験・養成講習 実務経験・養成講習	能力向上教育（初任時）（法第19条の2）	能力向上教育（定期または随時）（法第19条の2）
3	経営首脳者	事業者 総括安全衛生管理者		安全衛生セミナー	安全衛生セミナー
		指針通達等で示されている教育 ・「職場における腰痛予防対策指針」（平成25年6月18日 基発0618第1号） ・「労働者の心の健康の保持増進のための指針」（平成18年3月31日 指針公示）			

法：労働安全衛生法、則：労働安全衛生規則　　　　　　　　　　「安全衛生教育推進要綱」より抜粋

(1) 教育の対象者

誰を教育するか教育対象者を定めます。

① 新規採用者（臨時に採用する者、季節的に雇用する者などを含む。）
② 作業内容について変更があった者（配置転換者を含む。）
③ 管理、監督者（ケアリーダー、フロアリーダーなど）

第6章 安全衛生教育

④ 一般介護従事者

(2) 教育の内容

「何を教えるか」を明確にします。労働安全衛生法令により、教育対象ごとの教育事項が明確に定められているものは、これにより行うことが必要です。これらの教育事項は、いずれも教育対象者に何を期待するかを考え、その期待に応える活動をするためにはどんな知識を付与すべきかを検討して定められたものですから、すでに所要の知識を持っている者を除いて、そのいずれの事項も省略せず、教育することが必要です。

法定の教育以外にも災害が発生したり、法令の改正があった場合には、そのつど誰に対してどのように教えるかを定めることが必要です。たとえば、清掃作業中に脚立を使用して転倒災害が起きた場合には、その機会をとらえて安全教育を行うことが効果的です。その際は、災害事例をケーススタディとして、再発防止対策を検討する教育を行いましょう。

雇入れ時の安全衛生教育の項目（例）
・災害の予防
・危険予知活動
・４Ｓ（整理・整頓・清掃・清潔）
・交通安全
・災害が起きたときの対処　救急措置
・健康管理（健康診断）
・腰痛予防
・メンタルヘルス
・感染症予防

労働安全衛生規則の第35条で、雇入れ時の教育に必要な事項が定められています。

社会福祉施設等は、労働者に対して
・当該業務に関して発生するおそれのある疾病の原因および予防に関すること。
・整理、整頓および清潔の保持に関すること。
・事故時等における応急措置および退避に関すること。
・前各号に掲げるもののほか、当該業務に関する安全または衛生のために必要な事項が含まれること。

が必要です。職場にあった教育内容を行いましょう。

(3) 教育時間

「何時間教えるか」ということは、教育対象および教育事項から適切な時間を設定します。法令・通達等で教育事項ごとの教育時間が定められているものは、その定めによります。新規採用者や作業内容の変更があった者については、教育時間は定められていませんが、これは、新しく就こうとする作業あるいは変更された作業の種類によって定められるべきものであるという考え方からです。

(4) 教育時期

教育の種類によっては、おのずから実施の時期が定まるものがあります。例えば、新規採用者に対する教育は、新規採用者が入社した直後の４月、作業内容に変更があった者に対する教育は、作業内容変更の前または直後です。

衛生管理者、(安全)衛生推進者等のスタッフは、これらの事項について検討を行い、実施計画案を立てて関係者の意見を聞いて事業者の了解を得て、決定となります。

2 実施計画の具体化

この計画を具体化するための必要な準備として、主に次のことを検討します。

❶ 講師

講師はその施設内や、グループ施設内もしくは外部に依頼します。地域別の協議会で受講者をとりまとめ、団体内に適任者がいればその人に、団体内にいなければ協議して外部から適任者を講師として招いて団体主催で行うことも有効な方法です。

❷ 教材

その施設や現場で身近な事例を引用しながら教材を用意するのが一番良いことはいうまでもありませんが、テーマに合うものがあれば、中央労働災害防止協会などが発行しているテキスト・冊子を教材として購入しても良いでしょう。この場合でも、事業場の事例などをまとめたものを補助教材として使用することをおすすめします。

また、視聴覚に重点をおいた教育や現場で使われている福祉用具等を用いた実習形式の研修を行うと良いでしょう。事業場内で撮影した不安全行動などについての写真や動画も大きな教育効果を発揮します。

❸ 参加者

各職場ごと無理なく参加できるように予定することが大切です。日常業務への影響が最小限度となるようにし、その間手薄になる職場についての補充や応援体制も合わせて検討しておくことが必要でしょう。教育を受ける人が遠慮しながら研修を受けることのないようにします。

3 安全衛生教育の方法

安全衛生教育には、次のような方法があります。誰に何を教育するかに応じ、これらを適宜組み合わせて採用します。一般に講義方式よりも討議方式が、また集団教育よりも個別教育が効果が高いといわれています。

○教え方による種類

① 講義方式

② 視聴覚教育方式(ビデオ、プレゼンテーションソフトなどを用いる)

③ 実習方式(使用している福祉用具などを用いながら学ぶ)

④　討議方式（講師がリーダーとなり、設定したテーマを討議しながら学ぶ）
　○教育対象者の数による種類
　　①集団教育
　　②個別教育（マン・ツー・マン方式による教育。新規採用者に対する現場配属後の教育など。いわゆるOJT）

1）実施にあたって留意すべきこと

　安全衛生教育は、教えようと思う事項を、分かりやすく、かつ、具体的に示さなければなりません。そして、相手方が理解したことを確認しながら先に進むことが必要です。以下、実施にあたって留意すべきことがらをあげます。

❶　相手の立場に立って教えること

　教育は、相手が理解してはじめて実施したといえます。対象者の理解力にペースを合わせることが必要です。高度な専門的用語を用いたり、大切な事項を省略したりしてはなりません。現場の労働者には、現場向きの表現が最も親しみが持て、理解も早いものです。ときどき質問をして、どの程度理解されているかを確かめます。

❷　教育内容は具体的であること

　指導者が「気をつけて」や「ていねいに」などと言って教えていることがありますが、抽象的な言い方では、聞いている側は何をどうすればよいのか理解できません。このような場合には、「車椅子のブレーキがかかっていることを確認して」、「床面が濡れていれば拭きとって」というように具体的に教え、そうしてはじめて教えた内容が確実に実施されることになるのです。

　また、福祉用具の手順を学ぶ場などでは、自身が利用者となって介護される体験をしてみると、どうすれば安全であり、利用者にとって心地良いかということが分かり、より身につく教育となるでしょう。

❸　相手側に習おうという意欲を起こさせること

　受講者に対して、なぜそのことを習う必要があるのか、それは、本人や施設にとって、どんな価値や意味があるのかといったことをよく理解させ、学習に対する意欲を起こさせることが大切です。

❹　繰り返して根気よく何回も教えること

　聞く人は、話の一部しか聞きとらないのが普通です。また、理解してもすぐに実行に移すとは限りません。したがって、同じことをいろいろな方法で、何回も繰り返して教えることが必要です。

❺　自分で考えさせること

　自分でいろいろ考えて覚えた知識は容易に忘れないものです。また、応用をきかせ

ることもできます。したがって、指導者は、ある事項を説明したら、次には、「こういう場合、あなたはどうするか」という問題を提示し、それについて受講者に考えさせ、受講者の間で討議させます。討議すれば、ほかの受講者の考えも参考にしながら、自分の考えの足らない部分も知り、その考えを深め解決策を導き出すので、その知識が身につくこととなります。

4 教育効果の確認

　教えたことが日常作業の中で確実に実施されるためには、教育後のフォローアップも大切です。管理者や現場の責任者は、間違った方法や危険な方法で作業をしている労働者を発見したら、すぐにそれが正しくない方法であることを指摘し、是正させなければなりません。人手不足や、時間がないから仕方がない、この程度ならいいだろうと妥協して黙認すると、大きな災害につながることも考えられます。次回に同様の行為を発見した場合に、改めることがますます困難になります。

　このような安全衛生上望ましくない行動を発見した場合には、その行動を改めさせるにとどまらず、なぜそのような行動をとったのだろうかということを細かく検討することが望まれます。

　安全衛生上望ましくない行動であることを知らなかったのであれば、それは安全衛生教育が不十分であることを意味します。知りながらあえてそのような行動をとった（リスクテイキングな行動）のであれば、人員の配置や、施設・設備などに問題があることが考えられます。その原因が明らかになれば、それに対する対策が必要となります。

　安全衛生教育が不十分であることが分かった場合には、その機会に関係作業者全員に対し、あらためて教育指導を行うことが望まれます。また、教育内容の不徹底がどこにあったかを謙虚に反省し、次回の安全衛生教育の計画を見直すための材料とすることを忘れてはなりません。

第7章
安全衛生管理体制

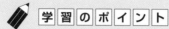

学習のポイント

安全衛生管理体制とは、職場において、安全衛生管理活動を効果的に進めていくために、責任者と役割を明らかにする組織のことです。また、事業者と労働者が協力して進めるためには、意見交換を行う場が必要となります。事業場規模別に労働安全衛生法で定められている安全衛生管理体制を学び、職場の組織づくりを行いましょう。

1 安全衛生管理の組織

労働安全衛生法では、労働災害を防ぎ、事業者の自主的な安全衛生活動を確保するため、図7-1のような安全衛生管理体制を整備することが義務づけられています。安全衛生管理体制は、事業場（施設）の労働者全員が協力して安全衛生を進めていくために必要なものです。

常時使用労働者数50人以上の規模の施設に対して、衛生管理者、産業医を選任すること、ならびに事業場の労働衛生に関し、労使の代表が調査審議し、事業者に意見を述べるための衛生委員会を設けることを義務づけています。

また、10人以上50人未満の事業場に対しては、衛生推進者を選任することが義務づけられています。

社会福祉施設にかかる安全衛生管理体制は次のとおりです（図7-1）。

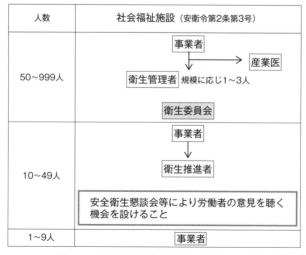

図7-1　社会福祉施設の安全衛生管理体制

なお、厚生労働省のガイドラインでは、常時使用する労働者が10人以上の社会福祉施設に安全を担当する「安全推進者」を置くことを求めています。この「安全推進者」は、特に資格は必要ありませんが、職場内の整理整頓（4S活動）、交通事故防止等、一般的に職場で取り組まれている安全活動に従事した経験を有する者から配置します（平成26年3月28日基発0328第6号）。

(1) 衛生管理者

衛生管理者には、衛生管理者資格を有する等（社会福祉施設では、第一、第二、衛生工学いずれでも可）一定の資格（労働安全衛生法第12条第1項、労働安全衛生規則第10条）が必要です。衛生管理者は、事業者を補佐する者で、衛生に係る技術的事項を管理する者として位置づけられています。

　○衛生管理者の職務
　① 健康に異常のある者の発見および処置
　② 作業環境の衛生上の調査
　③ 作業条件、施設等の衛生上の改善
　④ 労働衛生保護具、救急用具等の点検および整備
　⑤ 衛生教育、健康相談その他労働者の健康保持に必要な事項
　⑥ 労働者の負傷および疾病、それによる死亡、欠勤および移動に関する統計の作成
　⑦ ほかの事業場の労働者と混在して作業を行う場合における衛生に関し必要な措置
　⑧ その他衛生日誌の記載等職務上の記録の整備等

(2) 衛生推進者

一定の学歴および実務経験等を有する者からの選任が義務づけられています。衛生推進者は、衛生管理者と同様の業務を担当する者として位置づけられています。

　○衛生推進者の職務（下記のうち衛生に係る業務に限る）
　① 労働者の危険または健康障害を防止するための措置に関すること
　② 労働者の安全または衛生のための教育の実施に関すること
　③ 健康診断の実施その他健康の保持増進のための措置に関すること
　④ 労働災害の原因の調査および再発防止対策に関すること
　⑤ 安全衛生に関する方針の表明に関すること
　⑥ 危険性または有害性等の調査およびその結果に基づき講ずる措置に関すること
　⑦ 安全衛生に関する計画の作成、実施、評価および改善に関すること

(3) 産業医

　労働者の健康診断の実施およびその結果に基づく労働者の健康を保持するための措置、労働者の健康障害の原因の調査と再発防止のための対策の樹立等労働者の健康管理を行うこととしています。

　○産業医の職務
　　① 健康診断および面接指導等の実施ならびにこれらの結果に基づく労働者の健康を保持するための措置に関すること
　　② 作業環境の維持管理に関すること
　　③ 作業の管理に関すること
　　④ 労働者の健康管理に関すること
　　⑤ 健康教育、健康相談その他労働者の健康の保持増進を図るための措置に関すること
　　⑥ 衛生教育に関すること
　　⑦ 労働者の健康障害の原因の調査および再発防止のための措置に関すること

(4) 衛生委員会

　危険防止の基本対策、健康障害防止の基本対策等を審議し労働者の意見を聴く場として衛生委員会の設置が義務づけられています。職場で問題となる、腰痛予防対策、感染症予防、交通安全などの（安全）衛生上の課題について議題にあげ、対応を検討します。なお、安全の問題を検討する安全衛生委員会として、運営しても差し支えありません。

　○衛生委員会の審議事項
　　① 労働者の危険および健康障害を防止するための基本となるべき対策に関すること
　　② 労働者の健康の保持増進を図るための基本となるべき対策に関すること
　　③ 労働災害の原因および再発防止対策で、衛生に係るものに関すること
　　④ 衛生に関する規程の作成に関すること
　　⑤ 危険性または有害性等の調査およびその結果に基づき講ずる措置のうち、衛生に係るものに関すること
　　⑥ 衛生に関する計画の作成、実施、評価および改善に関すること
　　⑦ 衛生教育の実施計画の作成に関すること
　　⑧ 化学物質の有害性の調査ならびにその結果に対する対策の樹立に関すること

⑨　作業環境測定の結果およびその結果の評価に基づく対策の樹立に関すること
⑩　定期に行われる健康診断、臨時の健康診断、自ら受けた健康診断およびその他の医師の診断、診察または処置の結果ならびにその結果に対する対策の樹立に関すること
⑪　労働者の健康の保持増進を図るため必要な措置の実施計画の作成に関すること
⑫　長時間にわたる労働による労働者の健康障害の防止を図るための対策の樹立に関すること
⑬　労働者の精神的健康の保持増進を図るための対策の樹立に関すること
⑭　労働基準監督署長等から文書により命令、指示、勧告または指導を受けた事項のうち、労働者の健康障害の防止に関すること

　法令で定められた組織ではありませんが、腰痛予防対策では、第2章6（40ページ参照）で、紹介したような「腰痛予防対策チームを組織し、（安全）衛生委員会と連携し、施設の腰痛予防対策の立案やその実施に取り組むと良いでしょう。

※関係労働者の意見聴取
　労働安全衛生法上、常時10人以上50人未満の労働者を使用する事業場では、衛生委員会の設置は義務づけられていません。しかし、関係労働者の意見を聴く機会を設けるようにしなければなりませんので、関係労働者を加えた形で安全衛生懇談会等を設けると良いでしょう。

> 産業保健の相談や、無料のサービスが受けられる、地域窓口（地域産業保健センター）と産業保健総合支援センターを利用しましょう

・地域窓口（地域産業保健センター）
　労働者数50人未満の小規模事業場で、事業者が独自に医師を確保し、労働者に対する保健指導、健康相談等の産業保健サービスを提供することが難しい場合、これらの事業者とそこで働く労働者に対する産業保健サービスが無料で受けられます。

・各都道府県産業保健総合支援センター
　産業医、産業保健スタッフ等や地域産業保健センターが実際に活動するに当たって、これを円滑に実施できるようにするするための専門的技術やノウハウについての相談、情報提供、研修等を行い、産業保健スタッフの機能が十分発揮できるよう支援を行うための中核的組織として、都道府県ごとに設置されています。

2 労働安全衛生マネジメントシステムの導入

　職場の労働安全衛生管理は、法律を遵守するだけではなく、より積極的に行っていく必要があります。これまでの作業者の感性・職人技や個別の各種対策にたよる安全衛生管理から、組織的・体系的な管理へと移行していく必要性が高まっています。この組織的・体系的な労働安全衛生についての仕組みとして「労働安全衛生マネジメントシステム」があります。

　労働安全衛生マネジメントシステム（OSHMS）は、まず経営トップが安全衛生方針を表明し、経営と一体化した全社的な安全衛生の推進体制を整備します。そして、事業者が労働者の協力の下に計画（Plan）－実施（Do）－評価（Check）－改善（Act）という PDCA サイクルを定め、全社で継続的にこのサイクルを実施することにより、安全衛生の水準を段階的に向上させることを目的としています。厚生労働省の調査結果でも、労働安全衛生マネジメントシステムを導入した事業場の多くで労働災害が減少したことが報告されています。

　PDCA サイクルの計画（Plan）では、危険性または有害性などの調査（リスクアセスメント）を実施し、その結果に基づき対策を実施していきます。このリスクアセスメントの実施とその結果に基づく必要な措置の実施は、OSHMS の中核となるものです。

図 7-2　PDCA サイクル

OSHMS の具体的な実施事項等を整理すると、次のとおりです。
① 事業者が安全衛生方針を表明する
② 施設、設備、装置、作業方法等の危険性または有害性などを調査（リスクアセスメント）し、その結果を踏まえ、労働者の危険または健康障害を防止するために必要な措置を決定する

③　安全衛生方針に基づき、安全衛生目標を設定する
④　②と③等に基づき、安全衛生計画を作成する
⑤　安全衛生計画を適切、かつ、継続的に実施する
⑥　安全衛生計画の実施状況等の日常的な点検および改善を行う
⑦　定期的にシステムを監査し、見直しおよび改善を行う
⑧　①～⑦を繰り返して、継続的（PDCAサイクル）に実施する

　腰痛予防対策をはじめとして、安全衛生対策は、一度に対策を行ってリスクをゼロにすることは不可能です。優先順を設定して、順次実施して活動を継続していくことになります。労働安全衛生マネジメントシステムを導入することにより、安全衛生活動が、一時的な取り組みに終わらず、施設や法人全体で取り組む仕組みを構築でき、そこに現場の声を反映させることにより、安全衛生に強い組織をつくることができます。

資料　介護・看護職場の安全衛生状況チェックリスト

　皆さんの職場の状況を確認し、「YES」、「NO」のあてはまるものの□に✓印を付けて下さい。本書で解説している、各項目の該当箇所が示してあります。

　「YES」にチェックした項目については、充実に努めるとともに、「NO」にチェックした項目については、本書の該当ページを参考に、安全衛生対策を実践しましょう。

Ⅰ	介護・看護作業の安全衛生に関すること	チェック	本書
1	職場の整理・整頓・清掃・清潔（4S）を励行していますか	□YES □NO	4章
2	安全衛生保護具（保護手袋、マスク等）の使用基準を定めていますか	□YES □NO	3章
3	介護・看護作業に利用する乗用車等について管理基準を設けていますか	□YES □NO	5章
4	交通労働災害防止のための管理体制を整え、走行管理をしていますか	□YES □NO	5章
5	危険予知活動を実施していますか	□YES □NO	4章
6	介護者に対するヒヤリハット活動を実施していますか	□YES □NO	4章
7	重要な作業や注意が必要な作業には、作業手順書を作成していますか	□YES □NO	2、4章
8	介護・看護作業または、施設等のリスクアセスメントに取り組んでいますか	□YES □NO	2、4章
(介護・看護作業)			
9	介護・看護作業の前後に「手洗い」、「うがい」を励行していますか	□YES □NO	3章
10	排せつ介助等作業では、エプロン、保護手袋を使用していますか	□YES □NO	3章
11	介護・看護作業に当たっては、各種の福祉用具を適切に使用していますか	□YES □NO	2章
12	移乗・移動作業では、利用者の身体状況を把握していますか	□YES □NO	2章
13	福祉用具使用に当たっては、介助作業開始前に用具の点検をしていますか	□YES □NO	2章
14	介護・看護労働者に福祉用具の補修等をさせる場合は、その基準を設けていますか	□YES □NO	2章
15	おむつ交換や体位交換時は、ベッドの高さを変える等作業姿勢の安定化に努めていますか	□YES □NO	2章
16	感染性廃棄物を適切に処理していますか	□YES □NO	3章
17	塩素系や酸性洗剤の併用は避け、使用時には換気を行っていますか	□YES □NO	2章
18	はきやすい、疲れにくい、滑りにくい靴をはいていますか	□YES □NO	2章
(設備面)			
19	床面、階段、通路について、つまずきやすべりの原因となる凹凸、段差、水のこぼれ、カーペットのまくれ等のない状態になっていますか	□YES □NO	4章
20	入浴介助作業では、すべり防止の配慮をしていますか	□YES □NO	4章
21	移動式洗身台、リフトなどの介助機器の導入を図っていますか	□YES □NO	2章
22	厨房内にガス漏れ警報機を取り付けていますか	□YES □NO	4章
23	休憩、仮眠できる場所と時間が適切に確保されていますか	□YES □NO	3章
24	空気調和設備、ボイラー、エレベーター等について、定期的に自主検査を行っていますか	□YES □NO	4章
25	防火扉や排煙設備が正しく作動するか、定期的に点検を行っていますか	□YES □NO	4章

	(緊急事態の対応)	☐ YES ☐ NO	
26	緊急時の連絡体制に関するマニュアルを作成していますか	☐ YES ☐ NO	4章
	ア 火災や地震発生時	☐ YES ☐ NO	4章
	イ 交通事故や労働災害の発生時	☐ YES ☐ NO	5章
27	災害時のマニュアルに基づき定期的に教育や訓練をしていますか	☐ YES ☐ NO	4章
28	労働災害の発生(傾向)に応じた防止対策をとっていますか	☐ YES ☐ NO	4章
Ⅱ 健康管理等に関すること			
29	雇入れ時健康診断を実施していますか	☐ YES ☐ NO	3章
30	1年以内ごとに1回の定期健康診断を実施していますか	☐ YES ☐ NO	3章
31	定期健康診断結果を労働者に通知していますか	☐ YES ☐ NO	3章
32	腰痛予防健康診断を実施していますか	☐ YES ☐ NO	2章
33	「労働者の心の健康の保持増進のための指針」があるのを知っていますか	☐ YES ☐ NO	3章
34	介護・看護労働者が仕事上の悩み等を相談できるしくみがありますか	☐ YES ☐ NO	3章
35	職場には、救急用具等を備えていますか	☐ YES ☐ NO	3章
36	利用者が感染症の場合、労働者に知らせていますか	☐ YES ☐ NO	3章
37	介護作業者に腰痛予防のためのストレッチや腰痛予防体操を実施していますか	☐ YES ☐ NO	2章
38	重量物を持つ時に適切な姿勢で行わせていますか	☐ YES ☐ NO	2章
39	VDT作業(パソコン等)における目、腕等の疲労防止対策を行っていますか	☐ YES ☐ NO	3章
40	夜間業務につく介護労働者向けの健康管理対策を行っていますか	☐ YES ☐ NO	3章
Ⅲ 介護・看護労働者に対する安全衛生教育に関すること			
41	雇い入れ時、労働者に安全衛生教育を行っていますか	☐ YES ☐ NO	6章
42	作業内容変更時、労働者に安全衛生教育を実施していますか	☐ YES ☐ NO	6章
43	安全衛生教育の担当者を定めていますか	☐ YES ☐ NO	6章
44	労働者に対し福祉用具の使い方や介護技術等の指導を行っていますか	☐ YES ☐ NO	2章
45	腰痛予防の教育を行っていますか	☐ YES ☐ NO	2章
46	感染症予防の教育を行っていますか	☐ YES ☐ NO	3章
47	交通安全に関する教育を行っていますか	☐ YES ☐ NO	5章
Ⅳ 安全衛生管理体制に関すること			
48	安全衛生方針を作成し、周知していますか	☐ YES ☐ NO	7章
49	安全衛生管理計画を定めていますか	☐ YES ☐ NO	7章
50	施設の規模に応じて衛生管理者、衛生推進者または安全衛生スタッフを選任していますか	☐ YES ☐ NO	7章
51	50で選任した安全衛生スタッフ等の職務を定めていますか	☐ YES ☐ NO	7章
52	安全衛生委員会を設け、腰痛や感染症予防、交通安全について議題にしていますか	☐ YES ☐ NO	7章
53	産業医または産業医に準じる医師・保健師を選任し、活用をしていますか	☐ YES ☐ NO	7章
54	一定時間を超える時間外労働等を行った労働者に、医師による面接指導等を行っていますか	☐ YES ☐ NO	3章
55	インフルエンザ等の感染症が流行した際の行動計画を立てていますか	☐ YES ☐ NO	3章

職場の安全衛生状況をチェックする

良好な状態を維持していくために、定期的な点検を行うことが大切です。例えば全国安全週間(7月1日～7日)、全国労働衛生週間(10月1日～7日)、年末年始無災害運動(12月15日～1月15日)などの機会ごとにこの点検を行って、現状と改善事項の確認に役立ててください。

関係法令等
1 労働安全衛生法の概要

(1) 目的（第1条関係）
　労働基準法と相まって、労働災害の防止のための危害防止基準の確立、責任体制の明確化、自主的活動の促進の措置を講ずる等の総合的計画的な対策を推進することにより職場における労働者の安全と健康を確保するとともに、快適な職場環境の形成を促進することを目的としています。

(2) 定義（第2条関係）
① 労働災害
　　労働者の就業に係る建設物、設備、原材料、ガス、蒸気、粉じん等により、または作業行動その他業務に起因して、労働者が負傷し、病気にかかり、または死亡することをいいます。
② 労働者
　　職業の種類を問わず、事業または事務所に使用される者で、賃金を支払われる者をいいます（労働基準法第9条）。
③ 事業者
　　事業を行う者で、労働者を使用するものをいいます。
④ 作業環境測定
　　作業環境の実態を把握するため空気環境その他の作業環境について行うデザイン、サンプリングおよび分析をいいます。

(3) 事業者等の責務（第3条関係）
① 事業者は、労働災害を防止するために必要な最低基準を守るだけでなく、快適な職場環境の実現と労働条件の改善を通じて職場における労働者の安全と健康を確保し、国が実施する労働災害防止の施策に協力するようにしなければならないとされています。
② 機械等の設計・製造・輸入者、原材料の製造・輸入者、建設物の建設者・設計者は、それぞれの立場で労働災害の発生防止に資するよう努めなければならないとされています。
③ 建設工事の注文者等は、施工方法、工期等について安全で衛生的な作業ができるように配慮しなければならないとされています。

(4) 労働者の協力（第4条関係）
　労働者は、労働災害を防止するため必要な事項を守るほか、事業者等が実施する労働災害の防止措置に協力するように努めなければなりません。

(5) 労働災害防止計画の策定等（第6条～第9条関係）
　厚生労働大臣は、労働災害の防止に関し重要な事項を定めた労働災害防止計画を策定して公表しなければなりません。さらに厚生労働大臣は、同計画の実施のために必要な勧告または要請をすることができることとされています。

（6）安全衛生管理体制

ア　衛生管理者（第12条関係）

　事業者は、一定の規模の事業場ごとに、一定の資格を有する者のうちから衛生管理者を選任し、その者に以下の業務のうち衛生に係る技術的な事項を管理させなければならないこととされています。

① 労働者の危険または健康障害を防止するための措置に関すること
② 労働者の安全または衛生のための教育の実施に関すること
③ 健康診断の実施その他健康の保持増進のための措置に関すること
④ 労働災害の原因の調査および再発防止対策に関すること
⑤ その他労働災害を防止するため必要な業務に関すること

　なお、必要な業務としては、

・法第28条の2第1項の危険性または有害性等の調査およびその結果に基づき講ずる措置に関すること
・安全衛生に関する計画の作成、実施、評価および改善に関すること

があります（労働安全衛生規則第3条の2）。

イ　安全衛生推進者等（第12条の2関係）

　事業者は、安全管理者・衛生管理者を選任すべき事業場以外の事業場で、一定の業種および規模の事業場ごとに安全衛生推進者（または一定の業種にあっては衛生推進者）を選任し、その者に上記ア①～⑤の業務（衛生推進者にあっては衛生に係る業務）を担当させなければならないこととされています。

① 安全衛生推進者等を選任すべき事業場は常時10人以上50人未満の労働者を使用する事業場です（安衛則第12条の2）。
② 安全衛生推進者等は、都道府県労働局長の登録を受けた者が行う講習を修了した者、その他上記ア①～⑤の業務を担当するため必要な能力を有すると認められる者で、選任すべき事由が発生したときから14日以内に選任し、選任後は氏名を作業場に掲示等し、労働者に周知させなければなりません（安衛則第12条の3、安衛則第12条の4）。

ウ　産業医等（第13条関係）

① 事業者は、一定の規模の事業場ごとに、医師のうちから、労働者の健康管理等に必要な医学に関する知識について一定の要件を備えた産業医を選任し、労働者の健康管理等を行わせなければなりません。
② 前記以外の労働者50人未満の事業場においては、労働者の健康管理等についての必要な医学に関する知識を有する医師等に全部または一部を行わせるように努めなければなりません。なお、厚生労働省は労働者の健康管理等に係る業務についての相談、情報提供等の必要な援助の事業（地域窓口（地域産業保健センター）および産業保健総合支援センター）を行っています。
③ 産業医は、労働者の健康を確保するために必要があると認めるときは、事業者に対し、労働者の健康管理について必要な勧告をすることができ、事業者はその勧告を尊重しなければならないとされています。

エ　安全（衛生）委員会等（第17条、第18条、第19条関係）

　一定の業種および規模の事業場では、労働災害防止の基本となるべき対策に関すること等の重要事項について調査・審議させ、事業者に対し意見を述べるため安全委員会または衛生

関係法令等

委員会を設けなければなりません。なお、両者を設置しなければならないときは、両者を合わせて安全衛生委員会を設置することができます。

＜関係労働者の意見の聴取＞
　委員会を設けている事業者以外の事業者は、安全または衛生に関する事項について、関係労働者の意見を聴くための機会を設けるようにしなければならないこととされています（安衛則第23条の2）。

オ　安全（衛生）管理者等に対する教育等（第19条の2関係）
　事業者は、安全衛生水準の向上を図るため、安全管理者・安全衛生推進者等に対し、能力向上を図るための教育等を行い、またはこれらを受ける機会を与えるように努めなければなりません。厚生労働大臣は、この教育等の適切かつ有効な実施を図るため、必要な指針を公表し、事業者やその団体に対し必要な指導を行うことができることとされています。

（7）労働者の危険または健康障害を防止するための措置

ア　事業者の講ずべき措置等（第20条〜第25条の2関係）
　事業者は次の危険等を防止するために必要な措置を講じなければならないこととされています。

① 機械等、爆発性・発火性・引火性の物等および電気・熱その他のエネルギーによる危険
② 作業方法、作業場所の危険
③ 原材料・ガス・蒸気・粉じん・酸素欠乏空気・病原体等、放射線・高温・低温・超音波・騒音・振動・異常気圧等・計器監視・精密工作等の作業、排気・排液または残さい物による健康障害
④ 作業場の通路等の保全、換気・採光等
⑤ 作業行動による危険

　また、事業者は、急迫した危険があるときは、作業の中止、退避等必要な措置をとるとともに、建設業の特定工事における爆発・火災時の救護時における災害防止のため必要な措置を講じなければならないこととされています。

イ　労働者の遵守事項等（第26条関係）
　労働者は、事業者が前述のアに基づいて講ずる措置に応じて、必要な事項を守らなければなりません。

ウ　事業者の行うべき調査等（第28条の2関係）
　事業者は、建設物、設備、原材料、ガス、蒸気、粉じん等による、または作業行動その他業務に起因する危険性または有害性等を調査し、その結果に基づいて、この法律またはこれに基づく命令の規定による措置を講ずるほか、労働者の危険または健康障害を防止するため必要な措置を講ずるように努めなければなりません。ただし、当該調査のうち、化学物質、化学物質を含有する製剤その他の物で労働者の危険または健康障害を生ずるおそれのあるものに係るもの以外のものについては、安全管理者または安全衛生推進者の選任を要する業種に属する事業者に限ります。
　厚生労働大臣は適切かつ有効な実施を図るため必要な指針を公表し、事業者やその団体に対し必要な指導、援助等を行うこととされています。

(8) 労働者の就業にあたっての措置

ア 安全衛生教育（第59条関係）

事業者は、労働者を雇い入れたときや労働者の作業内容を変更したときは、その従事する業務に関する安全または衛生のための教育を行わなければなりません。

イ 中高年齢者等についての配慮（第62条関係）

事業者は、中高年齢者その他労働災害の防止上その就業に当たって特に配慮を必要とする者については、これらの者の心身の条件に応じて適正な配置を行うよう努めなければなりません。

(9) 健康の保持増進のための措置

ア 作業環境測定等（第65条～第65条の2関係）

事業者は、中央管理方式の空気調和設備を設けている建築物の室で事務所の用に供されるもの等で、作業環境測定基準に従って必要な作業環境測定を行い、その結果を記録しておかなければなりません。都道府県労働局長は、労働者の健康を保持する必要があると認めたときは、事業者に対し作業環境測定の実施等を指示することができることとされています。

測定の結果、事業者は、労働者の健康を保持する必要があると認められるときは、施設等の整備、健康診断の実施等適切な措置を講じなければなりません。

イ 作業の管理（第65条の3関係）

事業者は、労働者の健康に配慮し、作業の適切な管理を行う必要があります。

ウ 健康診断等（第66条～第66条の9関係）

① 事業者は、労働者に対し、雇入れ時や定期に健康診断を行う必要があります。また、有害物質や有害放射線にさらされる等の有害業務従事者に対する特別の健康診断、海外派遣労働者への健康診断、塩酸・弗化水素等歯に有害なもののガス等が発散する場所での業務従事者に対する歯科医による健康診断、食堂等の給食の業務従事者の検便による健康診断等を行わなければならないこととされています。

② 事業者は、医師等から有所見者の健康診断結果について意見を聴取するとともに、必要があると認めるときは、就業場所の変更、労働時間の短縮等適切な措置を講じなければなりません。また、厚生労働大臣は、健康診断実施後の措置の適切かつ有効な実施を図るため必要な指針を公表し、事業者や団体に対し必要な指導を行うことができることとされています。

③ 事業者は、健康診断結果について記録するとともに、労働者に対し健康診断結果を通知する必要があります。事業者は、健康診断の結果、とくに健康の保持に努めることが必要であると認める労働者に、保健指導を行うように努めるとともに、労働者も保健指導を利用して健康保持に努めることとされています。

④ 事業者は、休憩時間を除く1週間当たり40時間を超えて労働させる場合に、その超えた時間が1カ月当たり100時間を超え、疲労の蓄積が認められるものに対し、その労働者が申し出を行った場合、医師による面接指導等を受けさせなければなりません。また、一定の要件を満たした他の労働者であって健康の配慮が必要なものについても必要な措置を講ずるように努めることとされています。

エ 心理的な負担の程度を把握するための検査等（第66条の10関係）

平成26年6月の労働安全衛生法の改正により、次の①から④の事項が規定されました（施

関係法令等

行期日は平成27年12月1日）。

① 事業者は、労働者に対し、医師、保健師等による心理的な負担の程度を把握するための検査（ストレスチェック）を行わなければならないこと。ただし、労働者50人未満の事業場については、当分の間、努力義務。

② 事業者は、ストレスチェックの結果について、検査を行った医師等から労働者へ通知されるようにしなければならないこと。医師等は、あらかじめ検査を受けた労働者の同意を得ないで、労働者の検査の結果を事業者に提供してはならないこと。

③ 事業者は、ストレスチェックの結果の通知を受けた労働者で高ストレスと判定された者等が医師による面接指導を受けることを希望したときは、医師による面接指導を行わなければならないこと。また、面接指導の結果を記録しておくこと。

④ 事業者は面接指導の結果に基づき、医師の意見を聴き必要があると認めるときは、労働者の実情を考慮して、就業場所の変更、作業の転換、労働時間の短縮、深夜業の回数の減少等の措置を講ずるほか、医師の意見を衛生委員会等に報告する等の措置を講じなければならないこと。

オ　病者の就業禁止（第68条関係）

事業者は、伝染性の疾病等の一定の疾病にかかった労働者に対し、その就業を禁止しなければなりません。なお、就業を禁止しようとするときはあらかじめ産業医等の意見を聴く必要があります。

カ　受動喫煙の防止（第68条の2関係）

平成26年6月の労働安全衛生法の改正により、事業者は労働者の受動喫煙を防止するため、事業場の実情に応じ適切な措置（全面禁煙、喫煙室の設置による空間分煙、たばこ煙を十分軽減できる換気扇の設置など）を講ずるよう努めることとされました（施行期日は平成27年6月1日）。

キ　健康教育等（第69条～第70条の2関係）

① 事業者は、労働者に対する健康教育および健康相談等健康保持増進に必要な措置を継続的・計画的に講じるように努めなければなりません。また、事業者は、体育活動、レクリエーション等の活動について便宜供与する等必要な措置を講ずるように努めなければなりません。

② 厚生労働大臣は、事業者が講ずべき健康の保持増進のための措置に関して、有効な実施を図るため必要な指針を公表し、事業者や団体に対して必要な指導を行うことができることとされています。

(10) 快適な職場環境の形成のための措置（第71条の2～第71条の3関係）

事業者は、事業場における安全衛生の水準の向上を図るため、作業環境を快適な状態にすること等を継続的・計画的に講ずることにより快適な職場環境を形成するように努めなければなりません。そのために、厚生労働大臣は、事業者が講ずべき快適な職場環境の形成のための措置に関して、その適切かつ有効な実施を図るため必要な指針を公表するものとしています。

(11) 安全衛生改善計画等

ア 特別安全衛生改善計画（第78条関係）

平成26年6月の労働安全衛生法の改正により、次の①～④の事項が規定されました（施行期日は平成27年6月1日）。

① 厚生労働大臣は、死亡災害等の重大な労働災害を繰り返し発生させる等の場合に該当すると認めるときは、事業者に対し、事業場の安全または衛生に関する改善計画（特別安全衛生改善計画）を作成し、厚生労働大臣に提出すべきことを指示することができること。

　また、事業者は特別安全衛生改善計画を作成しようとする場合は、労働組合、労働組合がないときは労働者の過半数を代表する者の意見を聴かなければならないこと、事業者およびその労働者は、特別安全衛生改善計画を守らなければならないこと。

② 厚生労働大臣は、特別安全衛生改善計画が重大な労働災害の再発防止を図る上で適切でないと認めるときは、事業者に対し、特別安全衛生改善計画の変更を指示することができること。

③ 厚生労働大臣は、事業者が特別安全衛生改善計画の作成または変更の指示に従わなかった場合、特別安全衛生改善計画を守っていないと認める場合で重大な労働災害が再発するおそれがあると認めるときは、事業者に対し、必要な措置をとるべきことを勧告することができること。

④ 厚生労働大臣は、勧告を受けた事業者がこれに従わなかったときは、その旨を公表することができること。

イ 安全衛生改善計画（第79条関係）

都道府県労働局長は、事業場の施設その他の事項について、労働災害の防止を図るため総合的な改善措置を講ずる必要があると認めるとき（前述のア　特別安全衛生改善計画の作成を指示する場合を除く。）は、事業者に対し、当該事業場の安全または衛生に関する改善計画（安全衛生改善計画）を作成すべきことを指示することができることとされています。

事業者は、安全衛生改善計画を作成しようとする場合は、労働組合、労働組合がないときは労働者の過半数を代表する者の意見を聴かなければならないこと、事業者およびその労働者は、安全衛生改善計画を守らなければならないこととされています。

ウ 安全衛生診断（第80条関係）

① 平成26年6月の労働安全衛生法の改正により、厚生労働大臣は、特別安全衛生改善計画の作成または変更の指示をした場合において、専門的な助言を必要とすると認めるときは、当該事業者に対し、労働安全コンサルタントまたは労働衛生コンサルタントによる安全または衛生に係る診断を受け、かつ、特別安全衛生改善計画の作成または変更について、これらの者の意見を聴くべきことを勧奨することができることとされました（施行期日は平成27年6月1日）。

② 都道府県労働局長は、安全衛生改善計画作成の指示をした場合において、専門的な助言を必要と認めるときは、当該事業者に対し、労働安全コンサルタントまたは労働衛生コンサルタントによる安全または衛生に係る診断を受け、かつ、安全衛生改善計画の作成について、これらの者の意見を聴くべきことを勧奨することができることとされています。

エ 労働安全・衛生コンサルタント（第81条～第85条関係）

　労働安全・衛生コンサルタントは、他人の求めに応じ報酬を得て、労働者の安全・衛生の水準の向上を図るため、事業場の安全・衛生についての診断およびこれに基づく指導を行うことを業とすることと規定されています。

（12）監督等

ア　労働者の申告（第97条関係）

　労働者は、事業場にこの法律またはこれに基づく命令の規定に違反する事実があるときは、その事実を都道府県労働局長、労働基準監督署長または労働基準監督官に申告して是正のため適当な措置をとるように求めることができます。

　事業者は、上記の申告をしたことを理由として、労働者に対し、解雇その他不利益な取扱いをしてはなりません。

イ　法令等の周知（第101条関係）

　事業者は、この法律およびこれに基づく命令の要旨を常時各作業場の見やすい場所に掲示し、または備えつける等の方法により、労働者に周知させなければなりません。

ウ　健康診断等に関する秘密の保持（第104条関係）

　健康診断、健康診断の結果に基づく面接指導、心理的な負担の程度を把握するための検査（ストレスチェック）またはストレスチェックの結果に基づく面接指導の実施の事務に従事した者は、その実施に関して知り得た労働者の秘密を漏らしてはなりません（ストレスチェックおよびストレスチェックの結果に基づく面接指導に関する秘密の保持についての規定の施行日は平成27年12月1日）。

2 労働者派遣法の概要

　派遣労働者については、派遣先の事業者が業務遂行上の具体的な指揮命令を行うこととされています。

　労働者派遣法第45条では、労働安全衛生法の適用に関する特例の規定を設けて、派遣労働者の安全と健康を確保するため、派遣元、派遣先の事業者にそれぞれ労働者派遣法、労働安全衛生法に基づき必要な措置を講じなければならないとされています。

（1）派遣元・派遣先責任者

　派遣元・派遣先責任者の業務には、次のような派遣労働者の安全衛生にかかる業務があります。

- 派遣元責任者は、派遣元において安全衛生を統括管理する者および派遣先との連絡調整を行う（労働者派遣法第36条第5号）
- 派遣先責任者は派遣先において安全衛生を統括管理する者および派遣元事業者主との連絡調整を行う（労働者派遣法第41条第4号）
  - （注）「安全衛生を統括管理する者」とは、総括安全衛生管理者または安全管理者、衛生管理者が選任されている場合はそのものをいい、それらの者が選任されていない小規模事業場では事業主自身をいいます。

（2）安全衛生に係る措置に関する派遣先の協力等

派遣先は、派遣元事業主から雇入れ時の安全衛生教育の委託の申し入れがある場合には、可能な限りこれに応じるよう努める等、必要な協力や配慮を行わなければなりません（派遣先が講ずべき措置に関する指針第2の17）。

（3）労働者死傷病報告の提出

派遣労働者が労働災害により死亡または負傷したとき、派遣先および派遣元双方の事業者は、派遣先の事業場の名称等を記入の上、所轄労働基準監督署に労働者死傷病報告書を提出する必要があります。

なお、派遣先事業者は、労働者死傷病報告書を提出したとき、その写しを派遣元の事業者に送付しなければなりません（労働者派遣法施行規則第42条）。

（4）安全衛生に関する事業者の主要な義務

ア　派遣先の事業者および派遣元の事業者双方の義務とされるもの
　① 職場における安全衛生を確保する事業者の責務（労働安全衛生法第3条第1項）
　② 安全衛生推進者等の選任等（同法第12条の2）
　③ 作業内容変更時の安全衛生教育の実施（同法第59条第2項）
　④ 危険有害業務従事者に対する安全衛生教育の実施（同法第60条の2）
　⑤ 中高年齢者等についての配慮（同法第62条）
　⑥ 申告を理由とする不利益取扱禁止（同法第97条第2項）
　⑦ 報告等（同法第100条第1項、第3項）
　⑧ 法令の周知（同法第101条）
　⑨ 書類の保存等（同法第103条第1項）

イ　派遣元の事業者のみの義務とされるもの
　① 雇入れ時の安全衛生教育の実施（同法第59条第1項）
　② 一般健康診断（同法第66条第1項）

ウ　派遣先の事業者のみの義務とされるもの
　① 労働者の危険または健康障害を防止するための措置
　　・事業者の講ずべき措置（同法第20条～第25条の2）
　　・危険性・有害性の調査（同法第28条の2）
　② 作業環境測定（同法第65条）
　③ 有害な業務に係る健康診断の実施（同法第66条第2項、第3項）
　④ 安全衛生改善計画の作成（同法第78条～第80条）

3 個別事項

（1）報告と届出

ア　定期健康診断結果報告書（労働安全衛生規則第52条）

　常時50人以上の労働者を使用する事業者は、定期健康診断、特定業務従事者の健康診断を行ったときは、遅滞なく様式第6号による報告書を所轄労働基準監督署長に提出しなければなりません。

イ　労働者死傷病報告（労働安全衛生規則第97条関係）

　労働者が、労働災害その他就業中または事業場内などで、負傷、窒息などにより、死亡または休業したときは、様式第23号による報告書を所轄労働基準監督署長に提出しなければなりません。

　なお、休業の日数が4日に満たないときは、1月〜3月、4月〜6月、7月〜9月、10月〜12月におけるものについて、様式第24号による報告書をそれぞれの期間における最後の月の翌月の末日までに所轄労働基準監督署長に提出しなければなりません。

ウ　特殊健康診断の結果報告（労働安全衛生法第100条）

　有機溶剤、鉛、特定化学物質等を取り扱う労働者などに対して、特殊健康診断を行った場合、健康診断完了後遅滞なく、所定の様式により、その結果を所轄労働基準監督署長に提出しなければなりません。指導勧奨により行われる、腰痛健康診断等は、実施同様に義務ではありませんが、実施の際は、報告に努めましょう。

（2）職場の衛生基準

ア　労働安全衛生規則

　第3編で具体的な衛生基準が規定されており、その主なものは以下のとおりです。

（ア）　第1章（有害な作業環境）中の規制
　① 病原体を適切に処理すること。
　② 有害物または病原体汚染物を一定の場所に集積し、その旨を表示すること。

（イ）　第2章（保護具等）中の規制
　① 保護具の使用に伴う疾病感染の防止のため所定の措置を講じること。

（ウ）　第3章（気積および換気）中の規制
　① 屋内作業場における気積を労働者1人あたり10㎥以上（設備の占める容積および床面から4mを超える高さの空間を除く）とすること。
　② 屋内作業場における換気を十分に行うこと。

（エ）　第4章（採光および照明）中の規制
　① 作業面の照度を一定の値に保つこと。
　② 採光と照明の方法を適正にすることおよび照明設備を定期的に点検すること。

（オ）　第5章（温度および湿度）中の規制
　① 暑熱、寒冷または多湿の屋内作業場について温湿度調節の措置を講じること。
　② 給湿作業場についての給湿程度を適切にし、清浄な水を用いること。

（カ）　第6章（休養）中の規制
　① 休憩設備の設置に努めること。
　② 持続的な立業については、いすを備えること。

③　夜間の労働については、睡眠および仮眠の設備を設けること。
④　多量の発汗を伴う作業場においては、塩および飲料水を備えること。
⑤　常時50人以上または常時女性30人以上の労働者を使用するときは、男女別の休養室等を設けること。

(キ)　第7章（清潔）中の規制
①　定期に、統一的に清掃をすること。
②　廃棄物は定められた場所に廃棄すること。
③　有害物等により汚染する床等を洗浄すること。
④　湿潤のおそれのある床等を不浸透性の材料のもの等とすること。
⑤　汚物を一定の場合において露出しないよう処理することおよび病原体汚染床等を消毒すること。
⑥　身体または被服の汚染の業務については、洗眼、洗身、うがい、更衣設備等を設けること。
⑦　被服湿潤の作業場においては、乾燥設備を設けること。
⑧　飲用の水を十分供給し、これを所定の水質基準に適合したものとすること。
⑨　所定の数、構造等の便所を設けること。

(ク)　第8章（食堂および炊事場）中の規制
①　事業場附属の食堂または炊事場は、所定の構造、広さ、附属設備等を有するものとすること。
②　給食を行う際の栄養の確保を図ること。
③　所定数以上の給食を行う場合には、栄養士を配置し、栄養管理をすること。

(ケ)　第9章（救急用具）中の規制
①　負傷者の手当に必要な救急用具を備え、その使用方法を労働者に周知させ、かつ、それを清潔に保持すること。
②　救急用具の内容を所定のものとすること。

イ　事務所衛生基準規則

　以前は、建築物の衛生環境については、労働安全衛生規則によって、工場現場や事務所の別を問わず一括的にその最低水準が確保されてきましたが、これでは、事務所における衛生水準の向上を図ることが十分ではありませんでした。このため、特別規制として事務所衛生基準規則が定められていますが、その概要は、次のとおりです。

(ア)　第2章（事務室の環境管理）中の規制
①　設備の占める容積および床面から4mをこえる高さにある空間を除き、室の気積を労働者1人について10m³以上とすること。
②　室には床面積の20分の1以上の換気窓等を設けるとともに、その内部の一酸化炭素の含有率を100万分の50以下に、また、二酸化炭素の含有率を100万分の5,000以下とすること。
③　室の温度を適当に調節すること。
④　空気調和設備等を設けている場合は、室に供給される空気が浮遊粉じん量、一酸化炭素および二酸化炭素の含有率、ホルムアルデヒドの量、気流についての所定の基準に適合するように、当該設備等を調整する等の措置を講じること。また、室温を17度以上28度以下および相対湿度を40パーセント以上70パーセント以下になるよう

　　　　に努めること。
　　⑤　室内で燃焼器具を使用する場合には、換気のための設備を設け、また、毎日、器具を点検すること等の措置を講じること。
　　⑥　機械による換気のための設備について、初めて使用するとき、分解して改造または修理を行ったときには、その時、および2月以内ごとに1回定期に点検する等の措置を講じること。
　　⑦　室の作業面の照度を精密な作業で300ルクス以上、普通の作業で150ルクス以上、粗な作業で70ルクス以上とする等の措置を講じること。
　　⑧　室内の労働者に有害な影響を及ぼすおそれのある騒音または振動について、その伝ぱを防止するため必要な措置を講じること。
　　⑨　事務用機器で騒音を発するものを5台以上集中して同時に使用するときは、専用の作業室を設けること。
（イ）第3章（清潔）中の規制
　　①　労働者の飲用に供する水その他の飲料を十分に供給する等の措置を講じること。
　　②　排水設備については、汚水の漏出等が生じないように保持すること。
　　③　日常行う清掃のほか、6月以内ごとに定期に大掃除を行うほか、統一的に行った調査結果に基づき、ねずみ、昆虫等の防除を行う等の措置を講ずること。
　　④　便所については、男女別に、所定数以上の適切な構造のものを設ける等の措置を講じること。
　　⑤　洗面設備ならびに衣服を汚染する等の労働者のため更衣設備および被服の乾燥設備を設けること。
（ウ）第4章（休養）および第5章（救急用具）中の規制
　　①　有効に利用できる休憩の設備を設けるよう努めること。
　　②　必要に応じ、睡眠または仮眠することのできる設備を男女別に設ける等の措置を講じること。
　　③　常時50人以上または常時女性30人以上の労働者を使用する場合は、臥床し得る休養室等を、男女別に設けること。
　　④　持続的立業に従事する労働者が使用することのできるいすを備えること。
　　⑤　負傷者の手当に必要な救急用具および材料を備える等の措置を講じること。

(3) 作業環境測定
ア　作業環境測定の実施（労働安全衛生法第65条）
　事業者は、有害な業務を行う屋内作業場その他の作業場のうち一定のものについては、必要な作業環境測定を行い、その結果を記録しなければなりません。社会福祉施設等では、中央管理方式の空気調和設備を設けている建築物の室で、事務所の用に供されるものが、これにあたり、事務所則第7条に定められています。空気中のCO濃度、CO_2濃度、室温、外気温、相対湿度を2ヵ月以内ごとに1回測定します。
イ　作業環境測定結果の評価等（労働安全衛生法第65条の2）
　事業者は、作業環境測定を行うべき作業場については、作業環境測定結果の評価を行い、その結果必要があると認められるときは、労働者の健康を保持するため必要な措置を講じなければなりません。

(4) 健康診断

（ア）　法令で義務付けられているもの

労働安全衛生法による一般健康診断には、

① 雇入時の健康診断（労働安全衛生規則第 43 条）
② 定期健康診断（労働安全衛生規則第 44 条）
③ 特定業務従事者の健康診断（労働安全衛生規則第 45 条）
④ 海外派遣労働者の健康診断（労働安全衛生規則第 45 条の 2）
⑤ 給食従業員の検便（労働安全衛生規則第 47 条）
⑥ 深夜業従事者の自発的健康診断（労働安全衛生法第 66 条の 2）

があります。

また、特殊健康診断として、通達で示されているものは次のようなものがあります。

① 重量物取扱い業務、介護・看護作業等腰部に著しい負担のかかる作業
② VDT 作業

関係法令等

4 教育カリキュラム

○衛生推進者養成講習の講習科目の範囲および時間

衛生推進者養成講習は、以下の講習科目に応じ、それぞれの範囲について、掲げる時間以上行われるものであることが、厚生労働省の告示で定められています。

(平成21年3月30日厚生労働省告示第135号)

講習科目	範囲	時間
作業環境管理及び作業管理（危険性又は有害性等の調査及びその結果に基づき講ずる措置等を含む。）	衛生推進者の役割と職務 作業環境測定　作業環境改善　作業方法の改善 危険性又は有害性等の調査及びその結果に基づき講ずる措置等	2時間
健康の保持増進対策	健康診断　労働衛生統計　労働生理　健康教育	1時間
労働衛生教育	労働衛生教育の方法	1時間
労働衛生関係法令	法及び労働者派遣法並びにこれらに基づく命令中の関係条項	1時間

○社会福祉施設における安全衛生管理担当者に対する安全衛生教育カリキュラム

社会福祉施設における安全衛生管理担当者に対する安全衛生教育については、以下の科目に応じ、それぞれの範囲、細目について、掲げる時間行われるものであることが望ましいと、厚生労働省の通達で示されています。

(小売業及び社会福祉施設の安全衛生管理担当者に対する安全衛生教育について
基安安発0322第2号、基安労発0322第5号　平成24年3月22日)

科目	範囲	細目	時間
安全衛生管理の進め方	腰痛と予防対策の進め方	腰痛の定義と発生要因※ 腰痛予防対策の基本 腰痛予防のための作業標準 腰痛予防体操の効果と実践、職場での展開	60分
	危険予知活動の進め方	危険予知活動の基本的な考え方※ 危険予知活動の進め方 危険予知活動の具体的手法	80分
	4S（整理・整頓・清掃・清潔）活動の推進	4S活動の基本的な考え方※ 4S活動の進め方 事例紹介	40分
関係法令	労働安全衛生法令	労働安全衛生法 労働安全衛生法施行令 労働安全衛生規則及び関係法令	20分

※ 災害事例（災害事例の提示、原因及び防止対策の検討）を含む。

◎監　修
　滋賀医科大学　社会医学講座衛生学部門　准教授　垰田　和史

◎著　者（分担執筆）
　一般社団法人日本ノーリフト協会　代表　保田　淳子（第2章）
　中災防　技術支援部　次長　斉藤　信吾（第2章）
　　　　健康快適推進部　専門役　伊禮　敦子（第2章、第3章）
　　　　東北安全衛生サービスセンター　所長（衛生管理士）　水沼　一典（第4章）
　　　　関東安全衛生サービスセンター　所長（衛生管理士）　松葉　斉（第4章）
　　　　ゼロ災推進センター推進課長　宮永　賢成（第5章）
　　　　出版事業部長　阿部　研二（第1章、第6章、第7章）

≪参考文献≫
各項掲載の文献のほか、以下の文献を参考とした。
○厚生労働省
「職場における腰痛予防対策指針及び解説」　平成25年6月
「職場における腰痛予防対策指針の改訂およびその普及に関する検討会報告書」　平成25年6月

○厚生労働省委託事業　中央労働災害防止協会
「社会福祉施設の労働災害防止（介護従事者の腰痛予防対策）」平成26年9月
「医療保健業の労働災害防止（看護従事者の腰痛予防対策）」平成26年9月
「社会福祉施設における介護・看護労働者の腰痛予防の進め方～リスクアセスメントの考え方を踏まえて～」平成26年3月
「社会福祉施設における安全衛生対策マニュアル～腰痛対策とKY活動～」平成21年11月
「介護業務で働く人のための腰痛予防のポイントとエクササイズ」平成22年10月

○中央労働災害防止協会　発行
「衛生推進者必携」（第16版）平成27年3月
「衛生管理　第2種用（上）（下）」（第6版）平成27年3月

介護・看護職場の安全と健康ガイドブック

平成27年5月22日	第1版第1刷発行
令和元年9月27日	第2刷発行

編　　者	中央労働災害防止協会
発 行 者	三田村　憲明
発 行 所	中央労働災害防止協会
	〒108-0023
	東京都港区芝浦3丁目17番12号
	吾妻ビル9階
	電話　販売　03(3452)6401
	編集　03(3452)6209
表紙・本文デザイン：OPTICOPUS　杉本マコト
イラスト：佐藤　正　エダりつこ　川野光弘　田中　斉
印刷・製本　株式会社　丸井工文社

落丁・乱丁本はお取替えいたします。　　　　　　　ⓒJISHA 2015
ISBN978-4-8059-1597-4　C 3060
中災防ホームページ　https://www.jisha.or.jp/

本書の内容は著作権法によって保護されています。本書の全部又は一部を複写（コピー）、複製、転載すること（電子媒体への加工を含む）を禁じます。